6則飲食文化溯源
10個節慶飲食習俗
24道中華美食典故

中華美食故事系列

特色節慶好味道

管家琪／文
尤淑瑜／圖

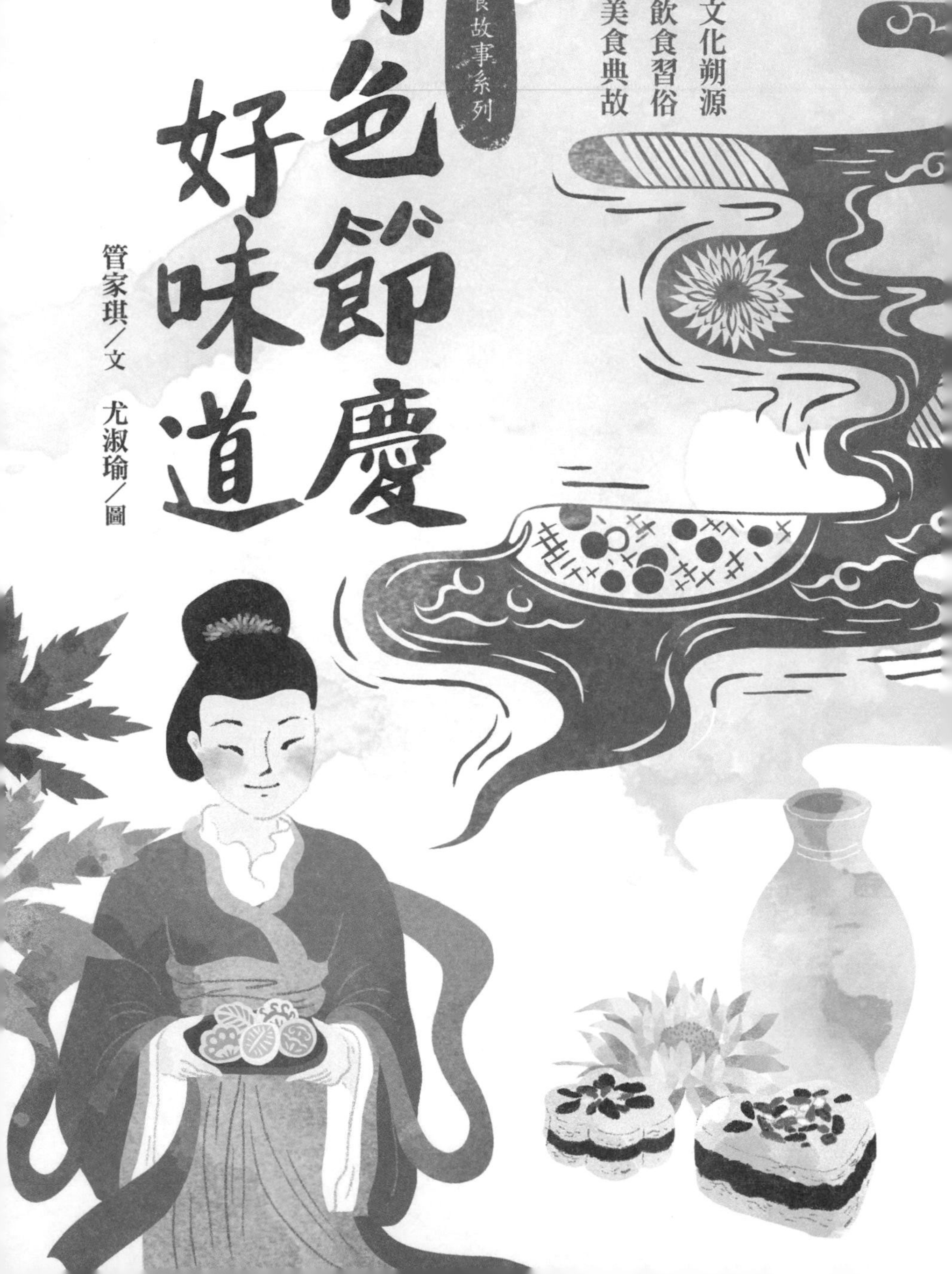

自序

豐富有趣的美食故事

管家琪

這是一套什麼樣的書？

首先，這當然不是一套食譜，不是要教大家怎麼做菜。是從文化的角度來談中華美食。

「食」，當然是一種文化，而且是文化中很重要的一部分。

小到以家庭為單位，每個家庭都有自己的飲食文化。比方說，我是一直到國一在同學家吃飯時，才從同學家的餐桌上認識洋蔥，還記得當時我一問「請問這是什麼？」的時候，大家都一臉驚訝的看著我，好像我是一個外星人，因為我媽媽不愛吃洋蔥，我們家的餐桌上從來就沒見過洋蔥；又如，我的爸爸是法官，最喜歡在吃飯的時候順便「開庭」，教訓一下小孩，每每舉證確鑿，讓犯人無可抵賴，只得乖乖低著頭猛扒飯，把那些教訓一起吞下肚；國中時期我念的是女校，我的便當盒全班最大，總有同學驚嘆「哇！比我哥哥（或弟弟）的便當還要大！」，這是因為媽媽沿襲外公外婆的習慣，從來不留剩飯剩菜，我們家的冰箱只要到了晚上，打開一看裡頭幾乎都是空的，只有冰開水；既然晚餐一定要全部清空，在大家下桌以後，剩下的一點剩飯剩菜肯定都會被媽媽掃進我們的便當裡……

就像媽媽不留剩飯剩菜的習慣是來自於外公外婆一樣，我自然也有一些在「食」這方面源自母親的習慣。比方說，我不怎麼吃零食，只吃正餐，頂多偶爾跟朋友們喝下午茶時會吃塊蛋糕之類，但我理解吃零食是一種生活樂趣，大多數的小孩都愛吃零食，所以在我當了媽媽以後，在兩個孩子還小時，我有一條家規，就是每天都要等到晚餐過後才能吃零食，因為「要好好吃正餐，不能用零食來代替正餐，身體才健康」的觀念在我的腦海裡根深蒂固，小時候媽媽幾乎不讓我們吃零食，我則是做了一點點調整……

現在，我的小孩長大了，我從他們的生活，也看到一些他們在「食」這個部分來自於我的影響，而他們也有自己的調整……

所謂的文化，就是這麼一代一代傳承下來的。每個家庭都有自己的家風、自己的生活習慣，其中當然就包括飲食習慣，而大至一個民族，關於「食」當然有很多有趣、有意思的部分。尤其是中華文化上下五千年，光是「食」的部分就有太多太多的文化知識，很多都離不開歷史，因此從這套書裡，你會讀到很多歷史人物和故事。

這套書一共五本，從文化的角度，把關於中華美食方方面面的文化知識，做了一番梳理和介紹，有關中華美食的基本常識、傳統節慶飲食、名人與飲食文化、酒的故事、茶的故事、蔬果的故事，以及語文中的飲食文化等等，還有一百道中華美食的典故（穿插在每一本書裡，數量不一）。

我想強調的是，這套書始終是圍繞著文化、故事的角度，所以你可能會覺得奇怪，為什麼有很多知名美食，譬如「糖醋排骨」、「魚香肉絲」、「八寶飯」等等，在「美食典故小學堂」裡卻看不到，這是因為實在找不到什麼相關的、或是可寫的（不會少兒不宜）的典故。還有一些菜餚雖然本身有故事，可是不符合現代保育觀念，而且現在也幾乎絕跡（譬如廣東菜裡曾經有過的「龍虎鬥」，是吃蛇和貓），我們也就不收錄進來了。

目次

源遠流長話美食

特色節慶好味道

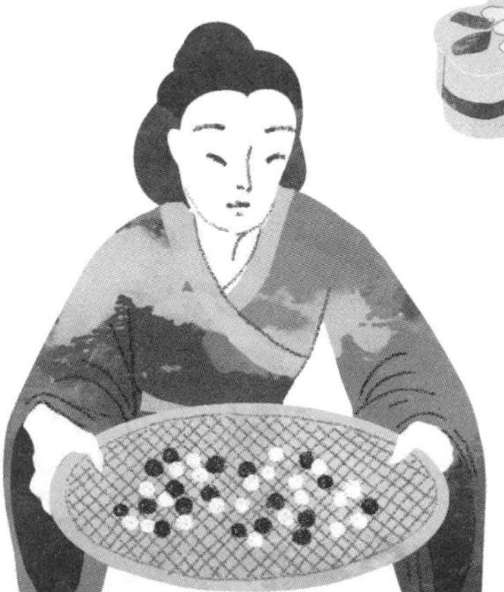

美食典故小學堂

源遠流長話美食

中華飲食文化的基礎認識

中國飲食文化歷史溯源

你一定聽過一種說法，「中國文化（或中華文化）源遠流長」，「源遠流長」的意思就是已經很久很久了，那麼，到底有多久呢？

首先，中國黃河流域文化是世界四大古文明之一，另外三個分別是埃及尼羅河流域文化、兩河流域文化以及印度河流域文化，這些都是屬於比上古史還要更遙遠的年代。

如果再看看中國一些重要歷史人物生活的年代。你恐怕更會覺得真是遙遠得難以想像。比方說，燧人氏，他是中華民族可以考證的第一位祖先，生年不詳，過世的時間史籍倒是有所記載，大約是在西元前四千三百五十四年，也就是距今六千多年以前！想想看，是不是很驚人？

中國遠古時代的部族首領一個個都是偉大的發明家，譬如屬於舊石器時代的有巢氏，不知道是不是向鳥類學習，教會了人們如何在樹上用樹枝搭一個窩，「有巢」就是「有個窩」之意，從此人們就可以較好的躲避猛獸的攻擊和洪水的肆虐。燧人氏是有巢氏的兒子，發明了鑽木取火，從此人們開始吃熟食，不再茹毛飲血，燧人氏因此被後人奉為「火祖」。

伏羲氏是燧人氏的兒子，不僅教會人們如何漁獵，還教導人們不妨「養犧牲以充庖廚」，「犧牲」是指那些在祭祀活動中用來祭拜神明的牲畜，「庖廚」就是廚房，意思就是說這些豬呀羊呀除了作為犧牲，也可以養著供廚房之用，怎麼用？當然就是用來加菜了。

而中國農業的開創者，並且嘗盡百草、開創古醫藥學的神農氏，發明了一些農具和陶具，有了陶具，人們就有了炊具以及盛裝食物的容器，這對於飲食文化的發展也相當重要；只要想一想如果在露營的時候，光是帶了生的食材卻忘了帶鍋子，這可怎麼辦，就不難想見食器的重要啦。

到了黃帝的年代，按史書記載，「黃帝作灶，始為灶神」，「灶」出現了！有了灶，既可以集中火力，提高效率，食物熟得比較快，同時也節省了燃料。

到了周秦時期，這是中國飲食文化的成形時期，確立了以穀物為主食。穀物之中，「稷」最重要，「稷」又稱穀子，其實就是小米，長時期居主導地位。由於古代的君主每年都要到郊外去祭祀土神（「社」）和穀神（「稷」），祈求國家太平，所以後來「社稷」一詞就被用來指「國家」。

到了漢代，這是中華美食重要的豐富期，自從張騫（西元前164～前114年）出使西域，開通了「絲綢之路」以後（這都是超過兩千年以上的事了），西域的石榴、芝麻、胡桃、黃瓜、胡蘿蔔、茴香、扁豆、芹菜、菠菜、大蔥、大蒜、西瓜、甜瓜、葡萄等等，就陸陸續續的傳入中原，大大豐富了中華美食的食材。有了新的食材，自然就會有很多人會動腦筋想著該如何料理，如何把這些食材不止是煮熟，還要煮得可口。此時隨著西域一些烹調方法譬如炸油餅也一起傳入，相信一定也給了很多人不少靈感。

飲食，這是一個常用的詞，但其實早在春秋時代（西元前770～前476年），距今兩千多年、甚至都快要三千年以前，人們就已經習慣將日常飲食分為「飲」和「食」兩大部分，到了戰國時代（西元前

475～前221年）在正式的場合，則又分為「食」、「膳」、「饈」、「飲」四個部分。

一、「食」，是指用五穀做的飯，至於「五穀」是哪五種？在古代有幾種不同的說法，要注意的是，由於古代的經濟文化中心是在黃河流域，稻的主要產地則是在南方，北方種稻有限，所以「五穀」中最初是沒有稻米的。

二、「膳」，是指用六畜製成的肉食佳餚，「六畜」是指馬、牛、羊、雞、狗和豬。

三、「饈」，是指眾多美味的食品，「饈」這個字一般不會單用，往往都是跟其他的字一起用，然後組成一個詞，譬如「珍饈」（珍奇名貴的食物，泛指美味）、「百饈」（「百」是形容很多的意思）等等。

類。

四、「飲」，就是飲品的總稱，最主要的當然就是酒和茶兩大類。

「食」、「膳」、「饈」、「飲」這樣的飲食結構，在屈原（約西元前340～前278年）的《楚辭》中已經有比較詳細的描述。屈原是生活在戰國後期的人，從「食」、「膳」、「饈」、「飲」如此講究的分類，就可一窺中華美食的博大精深。

中華美食之所以能夠如此博大精深，分析起來無非是以下三個原因：

一、中國很早就進入了農耕時代，再加上歷朝歷代的統治者基本上都是重農輕商，中國歷史始終是以農業為中心。

二、中國地域廣大、物產豐富，食材的種類繁多。

三、中國人善於從別的文化來學習，譬如前面所說從西域學習了炸油餅的做法，以及佛教傳入中國以後，帶動了人們對素食的重視。

於是，飲食從老早以前就成了一種文化，這從我們的口語中有很多都是跟飲食有關就可見一斑，比方說，「吃虧」、「吃耳光」、「吃不準」、「吃不消」、「吃閉門羹」，又如，形容春風得意時我們會用「吃得開」、「吃香喝辣」；說誰得到了什麼好處就用「吃到了甜頭」或「嘗到了甜頭」；「你吃了嗎？」還在很長一段時間之內，成為民間老百姓之間的問候語。

最早的飲食禮儀是與遠古時代的祭神儀式密切相關，然後逐漸與日常生活聯繫起來，與此同時規矩自然也就愈來愈多，被賦予的意義也愈來愈廣。距離我們今天超過三千年以上的周公（生卒年不詳，約西元前十一世紀下半葉，商末周初）「制禮作樂」，對皇家和諸侯的禮宴就做出了一些具體的規定。接下來，即使是平民老百姓在飲食禮儀方面也慢慢出現不少準則，飲食禮儀遂跟其他禮儀一樣，成為古代社會的道德規範。

直到今天，飲食禮儀往往也還是我們衡量一個人教養如何的依據之一，不是嗎？

美食與美器

中華美食講究「色、香、味、皿、形、溫」六個要素，其中「色、香、味、溫」考驗的都是廚藝，「形」用今天的話來理解，應該就是擺盤的藝術，菜一端上來讓人在視覺上立刻就能產生好感，一看就覺得很好吃，而最後用來盛裝食物的「皿」也是不能忽略的。「皿」，區區一個字，含義很廣，是碗、碟、杯、盤一類用具的統稱，可以說所有的餐具都包括在內。古話說：「美食不如美器」，雖然似乎有點兒極端，用意只是想要凸顯餐具的重要。

我曾經有過幾次深感餐具重要的經驗。一回吃麵，店家大概是想要追求創意，居然是用一個正方形的碗來裝麵條，讓我好不習慣，尤其是後來都不敢端著碗喝湯，深怕湯會流出來；另一回，是用了一套看上去十分精美的瓷器，店家說是最近為了提高餐廳的等級才剛剛新換的，可是那個碗我一看就覺得很彆扭，儘管是圓形，但是碗口是往裡頭縮的，吃飯的時候還勉勉強強，等到喝湯的時候就覺得很不好用，沒辦法把嘴湊著碗喝，只能用湯匙，偏偏所搭配的湯匙比例也有問題，個頭太小了，活像是小女生扮家家的玩具，這樣一小口、一小口的慢慢舀，好辛苦，也太斯文了吧！

這兩個例子，儘管餐具本身並不便宜，卻都疏忽了一個基本原則，那就是實用，對店家來說真是有點兒吃力不討好。古人說，「菜餚出鍋後，該用碗就要用碗，該用盤就要用盤」，還說，「煎炒宜盤，湯羹宜碗，參錯其間，方覺生色」，炒菜或煎魚、煎豆腐之類，最好用盤子來盛裝，湯、羹之類最好是用碗，如果餐桌上有碗有盤，還有筷子、湯匙、筷架等等，看起來就會很舒服、很好看、很有變化，但這樣的原則基本上還是出於實用，試想如果一條煎魚硬是被塞在一個碗裡端上桌，會是一種什麼樣的畫面呢？

不過，如果餐具只強調實用，而絲毫不考慮美觀，恐怕也會有問題。有一回，在某大百貨公司美食街裡的一家港式料理吃飯，這家餐廳我和朋友曾經去過，都覺得味道不錯，如果不是那天的「意外」，日後我們應該還有機會繼續光顧……可是那天，朋友想喝粥，等到粥一送上，天啊！連旁觀的我也頓時就吃不下飯了，因為裝粥的碗，看上去就像一個狗盆。本來店裡都是採用學校餐廳的鐵盤，我們已經習慣了，也可以理解大約是為了避免萬一有客人不小心打破碗盤時的損失，可那個鐵盆實在是太過分啦，叫人一看就倒盡胃口，食慾全無。

看看中國食器的演進，從史前時期把石塊堆起來燒，待燒至熾熱後再扒開的做法，到現代各式各樣的食器，始終離不開「實用」以及「量身定做」的原則，除了剛才所說的「煎炒宜盤，湯羹宜碗」，還有像「煨煮宜砂罐」等一系列的建議，都是幾千年來先民們經過長時期反覆實踐之後，所得出來的生活經驗。

由於中國人吃米飯，大約從一萬多年前開始，距今大約五千多年至兩千多年結束的新石器時代就已經開始用碗了，之後為了搭配碗，並且為了讓進食更方便，就有了筷子。再往後，滿足了實用原則之後，文人又賦予餐具更多的文化意涵，比方說，中國人喜歡方頭圓身的筷子，就因為這樣造型的筷子帶有「天圓地方」、「天長地久」的寓意。

中國最早的鍋子是陶釜。「釜」的形狀是圓底，沒有腳，必須放在爐灶之上或是用其他的物體支撐著來煮東西，它的口也是圓形，古人用釜來煮、燉、煎、炒等等，堪稱古代的萬能鍋，因此「釜」後來就漸漸成為炊事用具的總稱，而「鑊」雖然也是鍋子，但與「釜」不太相同，是專指一種大鍋子。

老百姓應該還是對「釜」比較熟悉，從「釜」出現在那麼多的成語中，就可見它是古人生活中一個相當重要的日用

品。譬如：

釜底抽薪。「薪」是柴火的意思，一個正在煮東西的鍋子，如果想要讓它冷卻下來，最澈底的辦法就是把下面的柴火通通抽掉。比喻要從根本解決問題。

釜中生魚。一個鍋子，如果太久沒用，注入一點水都可以養魚了。為什麼一個鍋子會這麼久不用呢？其實就是沒米下鍋的意思，「釜中生魚」就是非常含蓄的在哭窮。

釜魚假息。「息」有休息的意思。早上在菜場買了一條活魚，回到家先丟在釜裡養著，魚以為沒事了，安全了，其實只是暫時休息一下，等到傍晚人家要做晚飯的時候還是會被抓出來殺掉。另外一個類似的成語，「魚在釜中」，一條魚如果進了一個鍋子，那就是死定了。

當然，秦末項羽（西元前232～前202年）要士兵們砸破的也是「釜」（破釜沉舟），三國時期曹植（西元192～232年）那首著名的〈七步詩〉中也提到了「釜」（「豆在釜中泣」，豆子在鍋子裡哭）。

基於「美食選美器」的原則，意思就是說什麼樣的美食就要搭配什麼樣的餐具，譬如一條魚就該用盤子。有一回在一家四川館，一道菜送上來，因為上頭全是紅紅的辣椒，我一眼沒法看出是什麼菜，後來就是從那個魚形的餐盤才意識到，原來這是一道紅燒魚……

可以這麼說，中華美食有多少種料理方式，差不多就會有多少種最佳搭配的餐具，比方說，橢圓形的餐盤是為了要放一整條魚，或是一整隻白斬雞之類；平底的盤子是為了要盛一些爆炒的菜；比較深的大碗是為了要放一整隻雞或鴨……若要更一進步追求精緻，除了餐具的材質，更得考慮美食和美器在顏色上的搭配，譬如蔥爆肉絲、客家小炒之類的炒菜，最好不要放在花色複雜的餐盤裡，否則看起來就會太亂了。

中華美食的烹調方式

猜猜看，中華美食到底有多少種烹調方式？（或者稱之為烹調技藝，所謂「廚藝精湛」，就是指能夠把這些不同的烹調技術通通都掌握得非常嫻熟。）

根據北魏賈思勰《齊民要術》和元朝忽思慧《飲膳正要》的記載，中華美食的料理方式竟然多達數十種！實在是非常的驚人！

包括：蒸、煮、炸、烤、炒、煎、燜、煨、熬、熏、滷、醃、烹、涮、熘、爆、燙、燴、扒、凍、釀、炙、焙、烙等等，每一個字都有特定的意義，代表一種獨一無二的做法，而且這麼多的做法，儘管其中或許有些好像會有點兒類似（譬如烤和炙就挺像），但基本上都還是不同於其他任何一種做法，所以當我們在餐廳裡點了一道炒雞丁，人家就絕對不會送上一道炸雞丁或烤雞丁，因為炒、炸和烤是完全不一樣的做法。

現在，我們不妨就來看看三組有點兒類似的烹飪方法，稍做比較，感受一下：

◎燙和涮

「燙」很簡單，譬如燙青菜，就是把青菜放進沸水裡，熟了就可以吃，當然，如果只是這樣吃也許很健康，但肯定很難吃，想到美國作家馬克・吐溫（西元1835～1910年）曾經說過，想要長壽就是要「吃你不想吃的食物」（因為健康的東西好像十之八九都很難吃），再「做你不想做的事」（肯定是指運動吧！），既然僅僅只是把青菜燙熟沒味道，一般不外乎都會加一點醬油膏或是肉燥來調味。

如果把切得薄薄的肉片放在滾開的湯裡燙一下，然後取出來蘸著作料吃，這就叫做「涮」，譬如涮羊肉。

◎熬和煨

「熬」和「煨」都是做湯，但是方式（技巧）不一樣。「熬」是指把食材放在容器裡久煮，要注意這個「久煮」，「久」是重點，這是為了要去掉食材裡的雜質，並且把食材的養分提煉出來，所以我們會說「熬雞湯」；而「煨」是把食材放在鍋子裡，加進比較多的水，用文火、也就是比較弱的火慢慢的煮，等到把食材煮得爛爛的時候再放進鹽，因此，如果說「煨雞湯」，湯裡的雞肉吃起來一定都是軟軟爛爛的，容易入口，特別適合牙齒不好的老人家。

◎炒、爆和熘

炒菜是中華料理裡頭使用最廣泛的一種烹調方法，炒青菜、炒豬肝、炒腰花、炒豆干、青椒炒肉絲、韭菜炒蛋……誰每天沒至少吃一兩道炒菜呢？「炒」指的是把食材放進鍋子裡加熱，而且要不斷翻動，讓食材達到熟可食用的程度。

在「炒」的基礎之上，又發展出其他幾種不同的做法，譬如蝦仁爆蛋的這個「爆」，一般是指把食材放進沸油鍋子裡頭，鍋子又是放在旺火上，然後急炒過油，隨後放進調料再翻炒幾下就可出鍋；又如，先在旺火上把鍋子燒熱，倒入油，在油半熱的時候放進食材過油，隨後放進用澱粉汁拌好的調料翻炒幾下出鍋，這樣的做法叫做「熘」。

大家都說中華料理博大精深，想想看，光是要把這麼多種烹飪方式都精準的掌握，實在就很不容易啊。而我們在吃的時候，不妨也多一點點觀察，比方說細心比較一下蝦仁炒蛋和蝦仁爆蛋有什麼不同，而不要總是只抱持著「反正弄熟就行了」這樣的低標準，畢竟廚師的心血也是希望被看見的，所以，不要只是「嘗嘗」，要多「品嘗」。

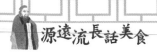

開門七件事

清代詩人張璨，人到中年，家道中落，看看現在，想想從前，不禁有感而發，便寫了一首詩：

書畫琴棋詩酒花，當年件件不離它。
而今七事都變更，柴米油鹽醬醋茶。

這首詩叫做〈無題〉，感覺還真合

適。其實不需要等到家道中落，只要是大人應該都很能引起共鳴，如果你把這首詩拿給爸爸媽媽看，他們大概都會覺得很無語吧。

「書畫琴棋詩酒花」代表的是過去的「雅」，用來對應今日「柴米油鹽醬醋茶」的「俗」。當然，所謂的「俗」其實也就是實際的現實生活，畢竟人總是要吃飯的，空著肚子去書畫琴棋，就算一時由於精神非常投入而暫時忘記了餓（所謂「廢寢忘食」），但時間久了總還是會餓的，搞不好還會更餓。

不是說長大以後就不能「書畫琴棋詩酒花」，不過還是得先顧好「柴米油鹽醬醋茶」，否則恐怕根本就沒有「書畫琴棋詩酒花」的本錢。

難怪「柴米油鹽醬醋茶」會被稱為「開門七件事」，「開門」猶如「一睜開眼睛」，一早醒來就得花精神、花力氣的意思，所以「開門七件事」的說法，是比喻要為生計奔波的意思，因為「柴米油鹽醬醋茶」都是老百姓的生活必需品，與老百姓的生活息息相關。

這個說法一般認為是始於宋代（應該至少是在北宋中葉以後，更可能是在南宋），有以下幾個原因，首先，米在宋代是主要糧食；其次，「醬」是到了宋代才被明確下來是指醬油；第三，醋在宋代以前還不是老百姓的生活必需品，而茶在唐朝乃至北宋都還是奢侈品。

還有一點值得一提的是，根據南宋吳自牧在《夢粱錄》書中所說的其實是八件事，在柴米油鹽醬醋茶之外還有一樣是酒，這大概是因為在古代文人的生活裡少不了酒，想想在唐宋時期有多少詩詞作品都提到了酒，譬如：

酒逢知己千杯少，話不投機半句多。（歐陽修）
開軒面場圃，把酒話桑麻。（孟浩然）
明月幾時有？把酒問青天。（蘇軾）
花間一壺酒，獨酌無相親。（李白）
勸君更進一杯酒，西出陽關無故人。（王維）
葡萄美酒夜光杯，欲飲琵琶馬上催。（王翰）
白日放歌須縱酒，青春作伴好還鄉。（杜甫）
借問酒家何處有，牧童遙指杏花村。（杜牧）

酒入愁腸，化作相思淚。（范仲淹）

同時，由於古人普遍已經都有「小酌怡情，大酌傷身」的觀念，意思就是說飲酒只要適度，能為生活增添一些小小的樂趣，但是如果沒有節制、飲酒過量那才會傷身體，所以文人總是把酒視為日常生活的一部分，可是對於一般老百姓來說，酒就恐怕怎麼樣也不能算是生活必需品，所以，原本的「開門八件事」，後來就慢慢變成「開門七件事」了。

根據《尚書》（大約成書於西元前五世紀）裡頭的記載，中國烹飪最早是取鹹酸二味。鹽和梅子是中華美食最早的調味料，前者製造鹹味，後者製造酸味。看來做菜要放鹽是一個基本概念，因為如果忘了放鹽，吃起來就會沒味道。

在「柴米油鹽醬醋茶」的開門七件事裡，有四樣都是調味料。確實，想要提升廚藝，就得學習如何拿捏調味料的分量，這可是十分神祕的技術，比方說，「放一點就好」，一點是多少？食譜中常說的「鹽少許」，少許又是多少？這些都需要仔細揣摩，和不斷的經驗累積。除非你是用量杯來做菜，一切都量得清清楚楚，但大多數中華美食的大廚師在放調味料的時候都是憑感覺，這個「感覺」就是廚藝的展現。

接下來，我們不妨就根據古書上的一些記載，來了解一下這四種調味料的歷史。

一、**油**：古人從遙遠的上古時期就已經懂得用油了。不過，像麻油、豆油、菜油、茶油等植物油是直到宋代才見記載，距今一千年左右，在宋代以前大家都是吃動物油，不同的季節還時興食用不同的油，譬如春天用牛油，秋天用羊油，但一年到頭使用最廣的還是豬油。

二、**鹽**：中國製鹽的歷史非常悠久，從黃帝時代人們就已經能從井、池、海裡頭提取鹽，這就是井鹽、池鹽和海鹽。懂得用鹽是烹飪上一個極其重要的里程碑，有了鹽、加了鹽，食物就再也不會食之無味了。

三、**醬**：醬油的歷史也很悠久，至少也有兩千多年。古人有「不醬不食」的說法（沒醬油就不吃飯啦），並且把醬油形容為「八珍主人」，意思是一切的美食都少不了用醬油來做調味料，或者也可以理解為，只要有一瓶好醬油在手，所有的食物都會變成美食。

四、**醋**：古人用醋的歷史比醬油和鹽要短些，但也超過了兩千年，是從周朝以後才開始製醋，到了漢朝（距今兩千年左右），醋已成了當時大眾化的調味品，至魏晉時期（西元220～420年）醋的種類已有數十種之多。

最後我們還要補充一種調味料，那就是糖（別忘了糖醋排骨呀）。

其實中國製糖的時間也不短，最早的糖有兩種，一種是蜜糖，另一種是麥芽糖，古代對麥芽糖還有幾種不同的說法，像「飴」、「餳」、「餔飯」都是指麥芽糖，在賈思勰《齊民要術》中就詳細記載了五種製糖的方法，可見糖也是中華美食裡重要的調味料。

到了唐朝，從印度傳入如何製作蔗糖的方法，中國的製糖技術獲得大幅的提升，漸漸的開始能生產白糖。下一次製糖技術明顯進步是在清末，東北地區開始用西方技術來製作甜菜糖。

宮廷、貴族飲食和民間飲食

早在距今一千多年以前的周朝（西元前1046～前256年），就有一大堆專人來負責帝王的飲食，譬如，「庖人」負責掌管供應王室所需的生畜禽魚（有時「庖人」一詞是指廚師）；「亨人」專門負責燒火做飯；「甸師」負責提供王室食用與祭祀所需的農產品；「獸人」負責提供野味；「鱉人」負責提供魚鱉；「酒人」負責造酒等等，而「膳夫」（又稱為「膳宰」）是「食官之長」，負責掌管皇帝的膳食。

這些名號一個個都是正式的官銜，在膳夫以下，類似「獸人」、

「鰲人」的官還有很多，分工極其周密。這麼多的人來伺候皇帝飲食，簡直是多到令人髮指的地步，只能說明宮廷飲食實在是太講究了！

在封建制度之下，宮廷飲食確實非常講究，這不僅表現在分工細緻上，也表現在選料珍貴、烹飪精細以及花樣繁多上。

而貴族飲食，無論就選材或烹飪方式，在奢侈和鋪張的程度上自然都還是比不上宮廷飲食，但若以小老百姓的標準來看，一定也已經是屬於非常誇張的等級了。這些貴族飲食除了互相鬥富，也都很注重食器，譬如不時就要在食器上刻上一些詩詞，賣弄一下文化。

有一些貴族飲食慢慢發展成了官府菜，譬如「孔府菜」就是一個著名的例子。「孔府菜」正式出現於宋仁宗（西元1010～1063年）寶元年間，經過幾百年的發展，到清乾隆皇帝（西元1711～1799年）在位期間達於鼎盛。

為什麼叫孔府菜呢？難道跟孔子有關係？還確實如此。在中國封建社會裡，屬於平民的孔子（西元前551～前479年）因為對後世的影響力巨大，一直都擁有極高的地位，所以西漢史學家司馬遷（生於西元前145年，卒年不可考）在寫《史記》的時候，都還特別為孔子作傳，寫了一篇「孔子世家」，「世家」這個部分

本來可都是司馬遷用來寫貴族王侯的歷史。

春秋末期的魯國陬邑（今山東曲阜）是孔子的故鄉，在孔子死後第二年，他生前所居住的地方就被國家立為孔廟，保存了孔子生前所用的禮器、車服和衣冠等等，孔子的嫡系子孫就住在這裡奉祀孔子，最初只有三間屋子，後來隨著孔子的地位愈來愈高，再加上他的子孫官位也步步高升，孔氏住宅的規模也就慢慢擴大。就是在宋仁宗寶元年間，孔廟再次擴建的時候，孔府菜也趨於成熟。

由於是官府菜，所以是遵照君臣父子的等級而有不同的規格，基本分為兩類，一類是宴會飲食，另一類是日常飲食，菜式雖然有些會通用，但烹飪方式還是有所區別。

孔府菜的一大特色，就是講究食材的造型要完整，譬如烤鴨、烤乳豬、烤桂魚等等，這些鴨呀豬呀魚呀在整個料理過程中，既要注意到食材形體的完整，不會讓食材傷皮折骨，還要掌握火候和調味，難度很大。

宮廷和貴族飲食固然造成許多人力和物力的浪費，但不可否認的，在客觀上也促進了中華美食的發展，尤其是精緻廚藝的提升。然而，這些飲食無論再怎麼精緻和豪華，如果追本溯源其實都還是來自於民間百姓飲食，可以說各式各樣的民間菜餚才是中華美食文化的源頭。

這些民間菜餚都是隨著城市的成長而慢慢發展起來的。由於城市都是位於交通便利、信息交流迅速之地，所以民間飲食的特點就是很懂得就地取材，而且品種繁多、技法各異；比方說，同樣是玉米，可以磨成麵粉，也可以烙成餅，或者熬成粥、蒸成饃，花樣和變化很多。

此外，民間飲食不僅要考慮到能滿足不同階層人士的需要，還要考慮到不同時間的飲食需要，因為不管是什麼時間、無論是清晨或深夜，都會有很多南來北往的旅人需要填飽肚子，所以，每一座城市裡頭各種大眾化的地方小吃，既富有濃厚的地方特色，又非常方便，幾乎都是隨到隨吃，不浪費時間，必要的時候也可以帶著走，機動性很強，難怪一直都特別的受歡迎。

古人的飲食保健觀念

中國歷代都會有一些關於飲食文化的書籍，譬如成書於北魏的《食經》和《齊民要術》，成書於北宋的《太平廣記·食》，成書於元朝的《飲膳正要》等等，記載了關於食材、調料、烹飪技藝、各地飲食風俗，以及有關飲食保健常識等諸多信息。

首先，古人相信「藥補不如食補」，意思是說，如果要補身體，依賴吃藥不如好好吃飯，當然，這個「好好吃飯」的重點是要注意營養均衡，不見得是要吃多麼昂貴的東西。

在注重食補的觀念之下，古人累積了滿坑滿谷關於「應該吃什麼」以及「應該怎麼吃」的經驗，這些經驗還細分到什麼季節應該吃什麼、什麼樣體質的人應該怎麼吃等等。只不過因為都是經驗，就不免帶有主觀的成分，以至於眾說紛紜，如果認真比較就會發現其中有不少資訊都是互相矛盾，譬如同一種食材，有的人說應該多吃，有的人說應該少吃；對於一個剛剛開過刀的病人，很多人給出應該多吃什麼的建議也不盡相同。這些資訊太多，多到經常讓人感到莫衷一是，在這裡我們就不介紹了，我們不妨來看看一些古人關於飲食保健的觀念，其中有不少都還是相當符合現代健康的觀念。

比方說，「飲食勿偏」，這是叫我們不要偏食，其實也就是叫我們要注意飲食均衡；應該「飲食有節」，否則「形累而壽命損」，這個「形」自然就是指體型，如果飲食不知節制，不僅體型糟糕，還會影響健康；應該要注意定時進食，「要長壽，三餐量腹依時候」，要按時吃飯，不要有一頓沒一頓的；應該要注意食物的溫度，「食宜溫暖，不可寒冷」，中華美食都是要熱呼呼的，因此當錯過晚餐的家人一回來，多半就會有人趕快幫忙把留好的飯菜拿去熱一下；吃飯的時候應該「飲食緩嚼」，慢慢吃，不要狼吞虎嚥，如此「脾胃易於消化」；應該注意慎選食材，「諸肉臭敗者勿食，豬羊疫死者不可食，煮肉不變色者不可食」；應該注意進餐情緒，「怒後勿食，食後勿怒」，千萬不要在吃飯的時候吵架或是生悶氣；應該注意餐桌禮儀，「食不語，寢不言」，這個原則還是孔子說的，吃飯的時候就好好吃飯，不要一直嘰嘰呱呱個沒完，到了該睡覺的時候就乖乖睡覺，而且要把眼睛和嘴巴同時閉起來；還有，飯後不要馬上躺下來，「飽食而臥，食不消成積，乃生百病」。

此外，儘管中華美食經常被批評重油重鹹，但古人也說「食宜清淡」，應該「去肥濃，節酸鹹」，因為「味薄神魂自安」，而且「薄滋味養血氣」……可見古人實際上已經知道應該吃清淡一點對健康比較好，只不過如果味道太淡往往就不好吃了。

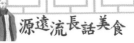

特色節慶好味道

傳統節慶的特殊飲食文化

春節

農曆一月一日

唐宋以來，關於春節飲食的習俗日益受到重視。尤其是「春節第一餐」，就是大年初一要吃什麼，更是各地都很有講究。

比方說，有的地方要吃麵條，寓意「長長久久」、「年年長久」；有的地方要吃香腸之類色澤偏紅的食物，表示「日子將會愈過愈紅火（興旺、熱鬧）」；有的地方要吃甜食，象徵「新的一年生活美好，甜蜜如意」；有的地方要吃荷包蛋，期許「銀（蛋白）包金（蛋黃）」，討個好兆頭；有的地方則是吃五香茶葉蛋，比喻「拿元寶」等等。

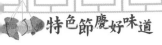

更多的地方，春節第一餐都是時興吃餃子，因為餃子的造型實在是太吉利、太討喜，自古以來一直都被視為「元寶」的象徵，比五香茶葉蛋還要像多了，吃餃子就是象徵著招財進寶、寓意「新年大發財，元寶滾進來」。如果是將餃子與麵條一起煮，就是「金絲穿元寶」。餃子的餡料花樣還那麼多，每個人都可以找到自己喜歡的口味，何況大家在一起開開心心的包餃子，一邊包一邊聊，也很適合春節期間處處洋溢的團圓喜慶的氣氛。

還有一些傳統的春節飲食也都各有說法，比方說，給孩子吃雞翅膀，表示「展翅高飛」（可不是「插翅難飛」哦）；家裡主要的勞動力要吃雞爪，表示「新年抓財」（有爪子才抓得到、抓得牢）；還要在大年初一做出全家人足夠吃三天的飯菜，寓意「不愁吃喝」（真是要把主婦們都累壞了）……

有一種食品，是農曆春節期間不管在什麼地區幾乎都一定會吃的，那就是年糕，因為「年糕」這個名字實在是太好了，寓意「年年高升」，非常吉利，誰不希望自己能這樣呢，就算沒辦法在職位上年年高升，如果存款金額能夠一年比一年高也很好呀。

早在距今兩千多年以前的周朝（西元前1046～前256年），就已經有關於年糕的記載，不過，據說年糕是從蘇州傳開的。

今天位於江蘇省東南部、長江三角洲中部的蘇州，是一座歷史悠久的古城，古稱「吳」、「姑蘇」、「平江府」。

有這麼一個故事，說年糕是和兩千多年前的伍子胥（西元前559～前484年）有關。

伍子胥本是楚國人，後因父兄皆遭楚平王（卒於西元前516年）殺害，出逃吳國，受到吳王闔閭（約西元前537～前496年）的重用。

在春秋時代，蘇州是吳國的國都。古時候每座城池都會有城墻，相傳吳王闔閭命伍子胥負責在舊城的基礎之上，督造建築新的城牆。伍子胥認真執行這項任務。城墻建成以後，頗具規模，折合今制全長大約二十四公里，吳王很滿意，稱為「闔閭大城」，還為此舉行了盛大的慶功宴。

後來，闔閭在率軍與越國大戰的時候受傷而死，太子夫差（約西元528～前473年）即位，隔年即擊敗越國，為父親報了仇。這時，越王勾踐（約西元前520～前465年）派人求和，伍子胥認為絕對不能答應，不斷力勸吳王夫差應該趁勝追擊，澈底滅了越國，以絕後患，但夫差就是不聽。

眼看夫差不肯接受自己的忠告，又益發的驕傲自滿，對勾踐等人總是絲毫不加防備，伍子胥十分憂心，認為照這樣下去，吳國遲早要亡國。

一天，伍子胥悄悄囑咐隨從，說將來等他死後，如果吳國有難，老百姓沒東西吃，就到相門（這是蘇州城六個主要城門之一），然後掘地三尺，就可以找到食物。隨從聽了這番話，半信半疑，但也不敢追問。

後來，因為夫差聽信讒言，伍子胥遭到了誣陷。夫差派人送了一把寶劍給伍子胥，命他自盡。性格剛直的伍子胥在自殺前，充滿憤恨的交代身邊的人，要把他的眼睛挖出來放在城墻的東門之上，因為他要看著吳國滅亡！

在他死後九年，吳國果然被越國所滅，城裡斷糧，到處都是餓死的人。終於，有隨從想起伍子胥生前的交代，就抱著姑且一試的心理，帶著人手來到相門，拆城掘地，這才發現原來相門的城磚不是泥土做的，竟然是用糯米磨成粉做的。

吳國人民就這樣得救了！據說，從此以後，蘇州人民就在每年春節，家家戶戶都吃這種用糯米做的東西——就是年糕，以此來紀念伍子胥。後來這樣的習慣就慢慢的流傳開了。

時至今日，年糕的模樣和口感有很多種，各地不同，蘇州年糕看起來確實像是一個個可愛的小磚塊，煮後不膩，乾後不裂，還久藏不壞，頗能呼應伍子胥的故事。

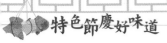

元宵節

農曆一月十五日

元宵節為每年農曆正月十五日，「正月」是農曆的元月，因為古人把「夜」稱為「宵」，比方說「通宵達旦」，就是指整整一夜、從天黑至天亮（「旦」有早晨的意思），正月十五是一年當中第一個月圓之夜，所以叫做「元宵節」，是中國重要的傳統節日，在很多人的心目中，似乎總要等到元宵節過了，前後為期半個月的農曆春節才算是正式告一個段落。

關於元宵節的習俗，形成的過程比較長，我們能夠確定的是，正月十五在西漢時期（西元前202～西元8年）已經受到重視，那就是距離今天超過兩千年以上了，不過元宵節真正成為民俗節日是在東漢（西元25～220年）末年以後。

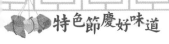

漢武帝（西元前156～前87年）在正月十五這一天祭祀「太一」，被後人視為正月十五祭祀天神的先聲。什麼是「太一」呢？其實就是北極星，古人經過長時期的觀察，發現它在天上的位置幾乎是不動的，而眾星（包括北斗七星）都繞著它打轉，因此將它尊為天帝。

元宵節最重要的食品當然就是元宵了，或者稱湯圓。跟元宵（湯圓）有關的民間故事不止一個，其中最為普遍的一個故事就是發生在漢武帝在位時期。在這個故事裡，「元宵」是一個人名，是一個宮女的名字。

話說有一年冬天，經常在漢武帝身邊的東方朔（約西元前161～約前93年），在御花園偶然發現一個名叫元宵的宮女正哭哭啼啼的準備要跳井，東方朔急忙救下了她，問她為什麼要輕生，宮女非常哀怨的說是因為想念家人，自從她進宮以後就沒再見過他們，想到這輩子大概永遠都無法相見，不禁悲從中來，便不想活了。

東方朔聽了，很是同情，當下就好言勸慰，保證一定會想辦法盡快讓她和家人團聚。

東方朔可不是隨便說說而已，很快就動起了腦筋。

他雖然不受漢武帝重用，好歹因為很有學問，言詞又頗幽默，漢武帝還是挺喜歡經常讓他陪在身邊，他是有機會和皇帝說上話的，不過，當然也不可能那麼直接就要求皇帝放宮女回家，更何況，別說回家，其實想要出宮都不容易。東方朔得想個辦法，讓漢武帝主動下令讓宮女出宮，還要讓元宵在宮外有機會和家人見面。

東方朔先喬裝打扮成算命先生悄悄溜出宮，在京城長安最熱鬧的大街上擺了一個幫人卜卦的攤子。一天下來，找他卜卦的人不少，可詭異的是，不管問什麼，每個人在占卜過後所抽到的籤語居然都一樣，都是「正月十六火焚身」，這可把大家都嚇壞了！紛紛圍著算命先生一直七嘴八舌的追問，有什麼辦法可以化解這場劫難？

偏偏算命先生還神祕兮兮的說，他算出來，過兩天在正月十三那天下午，火神君會來到長安城外勘察，這個事看來很麻煩！

到了正月十三，百姓們果然在長安城外看到一位騎著灰驢的紅衣姑娘，想必就是火神君，沒想到火神君竟然是一位女子（傳說中沒提這位火神君是由誰所飾演）。大家立刻圍上去，請火神君開恩，火神君沒說答應也沒說不答應，只匆匆丟下一個木簡就走了（當時還沒有紙）。

木簡上寫的是一個恐怖的信息：

長安在劫，火焚帝闕，十六天火，宵紅焰烈。

這個木簡自然被火速送官，然後又很快就被送到漢武帝的面前。

漢武帝一看，馬上就叫幾乎是什麼都知道的東方朔過來，問他該怎麼辦？

從假扮算命先生開始，東方朔故弄玄虛了一大圈，就是在等這一刻啊。

他思考了一會兒（東方朔想必是演技一流），鄭重其事的稟告皇上，有一個化解的辦法，那就是——聽說火神君最愛吃湯圓，不妨就在正月十五那一天，讓家家戶戶一起做湯圓來供奉火神君，祈求火神君高抬貴手，放大家一馬，同時，全城還要一起掛上紅色的燈籠，再到處燃放炮竹和煙火，這麼一來，想像中如果從天上往下看，長安城應該就像是滿城大火一樣了，應該就可以騙過玉皇大帝了（東方朔大概只差沒說「聽說玉皇大帝是個高度近視眼呢」）。

大概堂堂漢武帝不覺得哄騙玉皇大帝有什麼了不起，於是就下令照辦。

東方朔還建議不妨通知城外百姓，在正月十五這天一起進城熱鬧，這一點漢武帝也同意了。

最後，東方朔又說，為了讓火神君心軟，願意幫助他們，他聽說有一個叫做元宵的宮女，特別擅長做湯圓，建議那天晚上不妨讓元

宵特地為火神君做好吃的湯圓，並且讓她提著燈籠，燈籠寫上她的名字，然後在京城裡走來走去。

果然，當天晚上，當元宵的家人進城，看到寫著「元宵」的燈籠，立

刻就很自然的大叫：「元宵！元宵！」

元宵就這樣和家人團聚了。不僅是她，其他平常同樣難得出宮的宮女，很多也都因此和家人見了面，全城百姓更是一起度過一個異常熱鬧（相信也是異常緊張）的夜晚。所幸，一夜過去，長安城安然無恙，漢武帝很高興，就下令今後每到正月十五都要做湯圓來供奉火神君，以保平安。那湯圓做好、也祭拜過後，當然就要吃掉了。

相傳因為元宵姑娘做的湯圓最棒，以後大家就把湯圓叫做「元宵」了。

在東方朔與元宵姑娘這個故事中，顯示出當時已經有了湯圓。那麼，湯圓這個食品又是從什麼時候出現的呢？相傳最遠可追溯至春秋時期，而且居然還跟至聖先師孔子（西元前551～前479年）扯上了關係，那就是距今差不多兩千五百年以前了！

據說有一年正月十五，楚昭王（約西元前523～前489年）經過長江，看到江面上有漂浮物，叫人撈起來一看，發現是一種外白內紅的甜美食物（難道是豆沙餡？），在場的沒人見過這種東西，完全沒概念，楚昭王便專程派人去向孔子請教，據說，孔子回答，這是「浮萍果」，大家不知道「浮萍果」究竟是什麼，重點是，孔子還表示，這個東西是好東西，「得之主復興之兆」，「主」在這裡是「預示」的意思。楚昭王一聽，既然是這麼好的東西，那當然是要吃掉了！（問題是，從江裡撈起來的東西，能吃嗎？……）

「元宵」和「湯圓」反正就是同一種東西，只是在中國北方叫做「元宵」，在南方叫做「湯圓」。這個東西作為食品，最早應該是始於宋朝，當時民間流行一種在元宵節時吃的食品，最初叫做「浮元子」，到了宋末元初（距今大約七百多年以前），成為元宵節的應景食品。

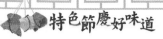

清明節

國曆四月四日至六日之間

要介紹清明節的飲食，首先就必須提一下寒食節。

寒食節在清明節前一兩日，是漢族傳統節日中唯一以飲食習俗（寒食）來命名的節日。從春秋時期開始，兩千六百多年以來，在寒食節這一天要禁煙火、吃冷食，還要祭祀和踏青，後來這些習俗就一直流傳了下來，並且逐漸跟清明節融合在一起，之後清明節就跟春節、端午節、中秋節並稱為中國四大傳統節日。

清明節既是一個要掃墓祭祖、帶著肅穆氣息的節日，也是大家要踏青遊玩、親近自然、享受春光的節日，其實仔細想想，掃墓和踏青這兩件事本來就不衝突，因為墓地、墓園通常都是在市郊，只要別在掃墓的時候嘻嘻哈哈，或是在墓園裡瘋瘋癲癲的追來追去就是了。

由於融合了寒食節要吃冷食的習俗，一直到現在，中國北方很多地區，在清明節這一天還保持了吃冷食的習慣，而南方則不少地區在清明節時都有吃青團的風俗。

青團，有很多別名，又叫做清明餅、清明果、清明團子、清明粑、艾葉粑粑、艾葉糍粑、艾草糕、草仔粿等等，別名這麼多，正說明在很多地方一到清明節就可以見到它。

為什麼叫做青團呢？既然有「青」這個字，不難想像它看上去應該是青色的，就像菠菜麵是綠色的、烏魚麵是黑色的一樣。這種食品是在糯米中加入了雀麥草汁，或是漿麥草汁、艾草汁等等，反正都要是綠色的、青色的，一起舂和，再用豆沙或棗泥作為餡料，做成一個個圓形的小團，然後拿去蒸。在將青團放進蒸籠之前，最好還要用新鮮的蘆葉墊在蒸籠裡，這樣等到青團蒸熟的時候，不僅模樣看起來翠綠可愛，吃起來還會帶著蘆葉的清香。

青團的口感是甜而不膩，不過最好是趁熱吃，而且儘管它挺

能放，不容易壞，但是在要吃之前最好還是能夠先加熱，因為青團裡的糯米在冷卻的狀態下吃是不好消化的。此外，在吃青團的時候最好不要和一些太過油膩的食物混著吃，以免加重腸胃負擔，容易引起消化不良。

按習俗，如果青團能夠和馬蘭頭之類綠色的青菜一起吃最好，因為綠色蔬菜在視覺效果上也是「青」，「青」、「清」同音，在清明節時會顯得更加應景。

此外，青團很耐放，過去在江南有些地方會有這樣一個習俗，用柳條將那些在清明節時祭祀用過的青團，一個一個串起來，晾乾後存放，到了立夏當天再將它們油煎了給孩子們吃，據說孩子們吃了以後就不容易得疰夏病。「疰夏」是中醫學的名詞，通常是指夏天出現體熱、身體容易疲倦，且食慾不振等症狀。

清明和立夏都是二十四節氣之一，清明在仲春與暮春之交，立夏則是夏季第一個節氣，表示盛夏即將開始，這兩個節氣中間還有一個節氣（穀雨）。二十四節氣差不多是每半個月一個，因此從清明到立夏，差不多是一個月，也就是說晾乾後的青團可以放一個月，這可真是能放啊。在季節變換的時候本來就是比較容易生病，尤其是老人和小孩，抵抗力比較弱，給孩子吃了油炸的青團以後，做家長的總是會比較心安吧（那老人家好像也應該吃啊）。

在清明節這一天，很多地方還有吃雞蛋的風俗。

這個風俗的由來最遠可追溯到神農的時代，神農屬於新石器時代的人物，那可是很久很久以前了，距今至少是好幾千年以上。（學術界對「新石器時代」的定義是，大約從一萬多年前開始，距今五千多年至兩千多年前結束。）

話說位於今天湖北省東北部的孝感，是一座歷史悠久的古城，在古代是屬於雲夢澤的一部分。

雲夢澤又稱「雲夢大澤」，在湖北省江漢平原上古代湖泊群的總稱，南以長江為界，在春秋戰國時期這一湖群的範圍周長大約四百五十公里，是相當大的（日月潭的周長大約是三十七公里），後來因為長江和漢水帶來的泥沙不斷沉積，漢江三角洲不斷的伸展，雲夢澤的範圍才不斷縮小。

總之，孝感在遠古時期本是一片水鄉澤國，附近的居民都是以打漁為生。因為打漁，天天都在湖裡吹著湖風，久而久之，很多居民都得了頭痛病，有些人一發起病來還會痛得在地上打滾。有一天，神農經過這裡，得知了這種情況，很想幫助他們，便在附近到處尋找草藥，可是試了好多種，似乎都沒什麼效果，直到農曆三月初三這一天，神農從山上撿來幾個土雞蛋，又挖了一大把地菜（這是一種野生植物，又叫做薺菜，按中醫的說法具有豐富的藥用價值），然後讓頭痛的漁人吃，結果這回終於有效了，一吃就不痛了。

據說從此每到農曆三月初三，要吃地菜煮雞蛋就成了一個習俗。

也許你會問，那這跟清明節又有什麼關係呢？當然有關係，原來農曆三月初三在古代是被稱為「清明」的。由於時間和清明相近，以西元二〇二〇年為例，清明節氣是在農曆三月十二，所以久而久之就像寒食節的飲食習俗被融入了清明節一樣，農曆三月初三的飲食習俗也同樣成了清明節飲食習俗的一部分。

說來這跟清明要踏青應該也很有關係吧，既然要出外踏青，在準備野餐食品的時候，帶上幾顆水煮蛋之類，真是又營養又方便。

順便說一下，農曆三月初三不僅是傳說中王母娘娘開蟠桃會的日子，還是中國古代的情人節，因為每到這一天，大家都要春遊。詩聖杜甫（西元712～770年）寫於西元八世紀中葉的《麗人行》（「麗人」是指美麗的女子），開頭兩句便是「三月三日天氣新，長安水邊多麗人」，想想這個時節的氣候不冷不熱，確實很適合出遊哪。

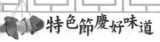

端午節

農曆五月五日

端午節最應景的食品當然就是粽子了。

端午節為什麼要吃粽子？最普遍、最為大家所認同的說法，是為了要紀念一位兩千多年以前的愛國大詩人屈原（約西元前340～前278年）。簡單來講，就是屈原從政的運氣很糟糕，一連碰到兩個國君都很昏庸，以至於報國無門，兩次遭到流放，在第二次被流放期間，西元前二七八年，時年六十二歲左右的屈原在得知祖國楚國的都城郢（今湖北江陵）已被秦軍攻破，在悲憤絕望之餘投汨羅江而死。

不過當時楚國並沒有被秦國所滅，「戰國七雄」時期本來就是戰事頻仍，打來打去。楚國是亡於西元前二二三年、也就是屈原死後五十五年。

無論如何，屈原以死殉國的決心非常堅定，因為他是抱著一塊大石頭投江的，他這番偉大的愛國情操深深感動了許許多多的百姓。大家一方面趕緊自動自發划著船去打撈屈原，傳說這就是日後端午划龍舟這個習俗的起源，另一方面因為不忍心讓屈原的屍體被魚類吃掉，大家又紛紛用竹筒裝著糯米投入江中，想讓那些魚呀蝦呀鱉呀在通通吃飽以後，就不會去傷害屈原的身體，後來逐漸演變成不用竹筒、改用竹葉之類來包著糯米，據說這就是粽子的由來。

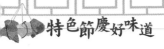

屈原是屬於戰國後期的人物，其實，根據記載，早在春秋時期、也就是應該至少是在屈原出生的一百多年以前，「粽子」就已經存在，出現在北方。

只是在春秋時期還不叫「粽子」，那時是用菰葉（茭白葉）把黍米包成牛角的形狀，稱做「角黍」。什麼叫做「黍米」呢？有幾種解釋，第一個是說黍米在古代屬於五穀之一，是一種一年生的草本植物；第二個解釋是指黍子碾成的米；第三個解釋就是指糯米。

春秋時期還有一種類似「角黍」的做法，是把米裝進竹筒裡密封然後烤熟，這樣的食品叫做「筒粽」。「粽」這個字出現了。到今天，「粽」的解釋只有一個，那就是：

用竹葉或葦葉裹糯米，又可以加豆沙、肉塊等，包成三角體，然

後連著葉子煮熟，剝開葉子吃。是端午節的應景食品。——出自《國語日報字典》

按書上記載，「粽」屬於「籺」的一種，「籺」又是什麼呢？一般是泛指稻、麥等籽粒，是古代人民在逢年過節的時候用來拜神祭祖的貢品。所以，春秋時期的「角黍」，就是用來祭祀用的。

那麼，從「角黍」演變而來的粽子，是在什麼時候才成為端午

節的應景食物呢？答案是在晉朝（西元266～420年），也就是距離今天一千六、七百年以前。東晉有個著名的才女謝道蘊，在端午節的時候也會和家人在一起吃粽子，跟我們現在一樣。

把粽子作為禮品也是在晉朝的事。此外，晉朝的粽子，製作原料已經頗為豐富，除了糯米，以及在糯米中摻雜豆沙、或是板栗，或是板栗加肉塊等等，有的粽子還會在裡頭加入像「益智」這樣的中藥藥材，煮熟以後有一個特別的名字，叫做「益智粽」。「益智」又稱「益智仁」、「益智子」，是一種多年生的草本植物，有一股特異的香氣，但是口感有一點兒苦，還有一點兒辛，想要聰明可不簡單啊。

我們看看接下來關於粽子還有哪些重要的演變。

到了唐朝（西元618～907年），距今一千一百年至一千四百年以前，粽子的形狀除了錐形，還出現了菱形；宋朝（西元960～1279

年），距今七百多年至一千年以前，端午吃粽成了時尚，鄰近端午的時候，在一些大城市裡都會見到有關粽子的廣告，就跟現代社會一樣，粽子的內容也增加了新的花樣，果品也開始入粽，譬如很多女性就很喜歡蜜餞粽。

明清時期（西元1368年以後），也就是最遠距今六百多年以前，用葦葉（就是蘆葦葉）來包粽子成了主流，粽子的內容物也益加豐富，同時，粽子還變成了吉祥物，不僅僅是在端午節的時候才吃了。猜得出來什麼時候應該吃粽子來討吉利嗎？對了，就是在考季啊！明清時期，凡是要參加科舉考試的考生，赴試之前，家人都會特意包了粽子給考生吃，表示「包中」，還有的人家大概覺得「包中」還不夠，遂特別把粽子包成細細長長、其實就是想包成類似毛筆的模樣，表示「必中」（取「筆」和「必」的諧音），真是用心良苦啊。

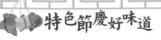

一直到今天，雖然一年到頭都有粽子，不是非要等到端午節的時候才吃得到，但是在鄰近端午節的時候，浸糯米、洗粽葉、包粽子仍然相當重要，也相當普遍。多虧了粽子，端午節才有了最重要的節味，否則即使有熱熱鬧鬧的划龍舟比賽，恐怕大家也還是會覺得不夠吧。

一般來說，粽子的口味就是兩大類，鹹粽和甜粽。而從風味來看，南方粽的餡料花樣似乎比北方粽要多一些。最受歡迎的餡料大致是豆沙、綠豆、五花肉、蛋黃、冬菇、火腿、八寶等等。

基本上，由於飲食習慣和特產不同，各地的粽子總會有一些不同的風味，不過似乎一直還是以廣東鹹肉粽和浙江嘉興粽最為著名。

值得一提的是，有一種四方形的廣東粽，歷史悠久，始於東漢（西元25～220年）末年，也就是在粽子成為端午節應景食品的晉朝之前就已經有了，一直到現在都還看得到，也算是生命力相當強了。

其實粽子的形狀本來就有很多種，只是三角粽始終是主流。

此外，千百年來，端午節吃粽子的習俗不僅在中國歷久不衰，還流傳到鄰近的日本、朝鮮和東南亞，譬如日本文獻中就有「大唐粽子」的記載，證明粽子在唐朝就開始出了國門，漸漸也成為鄰邦人民生活的一部分。

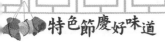

七夕

農曆七月七日

現在只要一提到農曆七月初七的七夕，大家的反應幾乎都是「中國情人節」，實際上「中國情人節」是一個典型被商家炒作出來的節日，商家大概巴不得每個月、每一周都有一個情人節吧，這樣就可以讓消費者（當然主要大概還是男生）乖乖掏錢準備情人節禮物、再請女生吃情人節大餐，不是有一句話說，「浪漫就是浪費的同義詞」。

總之，七夕變成「中國情人

節」的時間很短，頂多只有幾十年，但七夕倒真的是一個中國傳統節日，歷史悠久，可以追溯至上古，在西漢的時候開始普及，到了宋朝（西元960～1279年），也就是距今七百多年至一千年前左右，達鼎盛狀態。

為什麼七夕會跟什麼情人節扯上關係呢？這當然還是有說法的，關鍵就在於七夕又稱「七姐節」。七姐是誰？就是鼎鼎大名的織女，在民間傳說中她是玉皇大帝第七個女兒，是天上織布的高手。而一想到織女，自然就一定會聯想到牛郎，就是因為牛郎織女這一對帶來了愛情的元素，所以七夕就被硬說成是什麼中國情人節了。其實，想想把牛郎織女這麼一個愛情悲劇視為情人節的象徵，不是很奇怪、很不吉利嗎？

牛郎織女的故事最早是源於星宿崇拜，從牽牛星、織女星衍變而

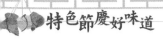

來，反映出男耕女織的生活形態。中國很早就進入農業社會，因此才會在上古就產生了牛郎織女的故事，而且後來還陸續誕生一些其他類似的故事，譬如最早載於西漢的「董永和七仙女」，基本上就是牛郎織女的翻版，也是講一個窮小子和仙女談戀愛。大概是太多窮小子種田都太辛苦了，便用這樣的幻想來自我安慰吧。

西漢有這麼一首詩，開頭兩句便是「迢迢牽牛星，皎皎河漢女」，意思就是「看那遙遠的牽牛星，明亮的織女星」。古人抬頭仰望星空，看到遙遙相對的牽牛星和織女星，有了浪漫的幻想，再結合現實生活的鬱悶（種田這麼辛苦，要是有一個又漂亮又能幹對我又癡情的仙女來幫忙，該有多好啊！），於是便編織出牛郎織女這麼一個故事。（說他們倆遙遙相對可不誇張，現代天文學家估算牽牛星和織女星之間相距近十七光年！有人說，隔得這麼遠，難怪想要見上一面會這麼難！）

不過，儘管牛郎織女的故事和七夕成為一個節日都是在很早以前就有了，但七夕在古代可以說是一個屬於女性的節日，女性對這個節日比較熱衷，所祭拜的主角自然也是織女。為什麼呢？說起來這跟古代的價值觀有很大的關係。

既然是男耕女織這樣的生活形態，一個女子是否能幹，「看看她的手巧不巧」是一個很重要的衡量標準，而若要問織布的功力，誰會比織女更厲害？人家可是仙女啊，掌握的可是凡人不可能比得上的神仙技術。因此，在七夕這天晚上，女性向織女「乞巧」就是七夕的核心精神。所謂「乞」，就是乞求。

在古代，每逢七夕這天晚上，一個普遍的景象，就是會有很多女性在月下焚香祝禱，誠心希望織女能夠讓自己心靈手巧。「巧」這個

字在七夕非常重要，就連七夕的應景食品也跟這個字有關，那就是「巧果」。

「巧果」聽起來像單數，實際上是複數，是指一個種類的食品，就像「包子」這個詞包含了肉包、菜包、三鮮包、豆沙包等等多種口味的包子一樣。巧果基本上是一種油炸甜食，不過也有人是採取蒸的做法，主要食材是油、麵、糖和蜜，據說最初源於山東地區。

除了口感，製作巧果最重要的就是追求「形」（還記得我們在前面說過中華美食講究「色、香、味、皿、形、溫」六個要素嗎？），意思就是說要有別緻的形狀，看上去賞心悅目，譬如做成荷花、蓮蓬，或是蟲魚鳥獸，或是各式各樣的水果。別忘了巧果的料理方式是或蒸或炸，若是在蒸了炸了之後還能看得出是一朵蓮花或是一隻小動物，而不是黃乎乎的一團，什麼形狀也看不出，這個手藝可真是要很巧、很精緻，恐怕難度是相當高的。

因此，為了讓那些手不是那麼巧的女性也能做出模樣討喜的巧果，同時應該也是為了要提高效率，漸漸的就出現一些模具，就像現在西點麵包店常見的餅乾模具一樣，只不過在還沒有塑膠、一切日常用品幾乎都還是木製品的古代，製作巧果的模具當然也是木質的，多半是選用棗木或梨木，我們今天在一些博物館裡還見得到。

梨木和棗木的質地都比較堅硬密實，木紋比較細密，又比較不容易被蟲蛀，很適合拿來雕刻，古代刻書大多就都是用棗木或是梨木來做雕版，所以如果要形容有書籍要出版，有一個文雅的說法叫做「付之梨棗」，就是現代說的「付印」，表示書馬上就要拿去印。

祭祀時經常會有水果，在七夕這天，也頗時興將瓜果做一些特殊處理，雕成一些漂亮的造型，這樣的瓜果還有一個名詞，叫做「花瓜」。

在七夕這一天，有些糕點師傅還會製作織女形象的酥糖，俗稱「巧人」或是「巧酥」，以「吃了酥糖會變得心靈手巧」作為宣傳手法，類似於今天如果吃了什麼保健品就會很健康的說法。

此外，在山東地區還有一種「巧巧飯」的習俗，這應該算是一種集體乞巧儀式，就是七個感情好的姑娘在七夕這一天，聚在一起包餃子，然後把一枚銅錢、一根針和一個紅棗分別包到三個水餃裡，當然，這三個餃子在外觀上和其他的餃子不會有什麼明顯的差異，等到晚上在乞巧的祭祀活動結束以後，大家就一起把餃子煮了，再一起吃，看看誰會吃到那三個特別的餃子，形同開獎。據說吃到包銅錢的姑娘日後有福（銅錢意味著財富，至少是經濟無虞）；吃到紅棗的會早婚、早點兒嫁人（畢竟在古代，女孩子是一定要出嫁的）；吃到那根針的日後雙手就會愈來愈巧。（可見希望手巧是多麼不容易、要冒多大的危險，搞不好還沒等到雙手變巧，嘴巴就已經先受傷了！）

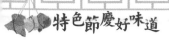

中秋節

農曆八月十五日

就像元宵節要吃元宵、端午節要吃粽子，中秋節當然要吃月餅了，在今天看來這似乎是一個早已深入人心的習俗，實際上這個習俗是從明朝（西元1368～1644年）才開始在民間逐漸盛行，也就是距離今天大約五、六百年以前。

或許就是因為這個緣故，難怪有人會說「月餅」這個名字是明太祖朱元璋（西元1328～1398年）所定下的。相傳在元末，朱元璋極為倚賴的軍師劉伯溫（西元1311～1375年），一次在策劃一個大規模軍事行動之前，為了達到不動聲色進行串聯的目的，命人做了很多小圓餅，並且在每一個小圓餅裡頭都悄悄塞進一張小紙條，上面寫著「八月十五夜起義」，然後派人把這些小圓餅送給各方兄弟，結果到了八月十五這天，果然大家都很有默契、也很團結的一起採取了行動。（可見大家一收到劉伯溫的小圓餅，一定馬上就吃了。）

就是因為這次的行動非常成功，朱元璋非常高興，便下令往後每到八月十五這天晚上都要軍民同樂，還將這種小圓餅賞賜給群臣。因為八月十五正好是滿月，朱元璋就將這個小圓餅定名為「月餅」。據說從此每到八月十五中秋節這一天吃月餅的做法就漸漸傳開，慢慢成為一種習俗。

關於「月餅」這個名字的起源，另外一個版本是說，這是由唐玄

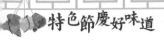

宗（西元685～762年）所命名的，還有人說是由唐玄宗的寵妃楊貴妃（西元719～756年）所定。這個版本或許跟中秋節開始的年代很有關係。中秋節是始於唐朝初年，然後盛行於宋朝，到了明清時期已經成為與農曆春節齊名的中國傳統節日之一。

在這個版本裡有一個細節很重要，那就是無論是唐玄宗或是楊貴妃都只是命名，不是發明，也就是說，在他們之前就已經有這樣的食品，只不過不叫做「月餅」而已。

那叫做什麼呢？叫做「胡餅」。

我們還是從頭說起吧。根據史料記載，早在商、周時期（那就是距今三千多年以上），在江浙一帶有一種紀念太師聞仲的餅，邊比較薄、心比較厚，叫做「太師餅」，相傳這就是月餅的始祖。

聞仲是誰？雖然在正史上找不到關於他的記載（不過當然在東

周以前能被稱做「正史」的書籍也很少），但民間都還是深信確有其人；他是商朝末年的首席大臣，是古典小說《封神演義》裡頭的重要人物，為人剛正不阿，據說就連暴君紂王（約西元前1105～約前1046年）都敬他三分。聞仲明知商朝氣數已盡，仍然拼盡全力想要力挽狂瀾，一方面苦口婆心的規勸紂王，一方面率軍東征西討，這種忠義精神非常符合中國傳統的價值觀，民間有紀念他的食品似乎也不為過。

從周朝末年經過一百多年，西漢的張騫兩度出使西域，帶回不少像芝麻、胡桃等外來食品，為之前的太師餅增添了更多的作料，尤其是出現了以胡桃仁為餡的圓形餅，稱為「胡餅」。

接下來，胡餅又是怎麼跟中秋節聯繫起來的呢？跟中秋節一樣，據說也是始於唐朝初年，相傳在唐高祖李淵（西元566～635年）在位時期，一回邊寇犯境，唐軍出征，大獲全勝，凱旋那天正好是八月十五，京城長安一片歡樂，李淵下令把胡餅分給群臣一起吃（早期這種餅的個頭都滿大的，必須大家一起分了吃），從此就漸漸形成了中秋節要吃胡餅的習俗，每到中秋節臨近，長安的糕餅鋪就會開始製作胡餅。

相傳又過了一個世紀左右，到了唐玄宗（他是李淵孫子的孫子），一年中秋節，他和楊貴妃在賞月吃胡餅時，覺得胡餅這個名字不好聽，想著如果能換個名字就好了，此時正好一輪滿月高掛天空，然後不知是唐玄宗或是楊貴妃靈機一動，便將胡餅改名為「月餅」。

這個名字很快便傳到宮外，從此大家就紛紛將這樣的餅稱之為「月餅」了。

想想這個新名字確實是很不錯，既有中秋節當天晚上月亮的「形」，又能和中秋節緊緊聯繫在一起，不愧是中秋節最應景的食品。

古書上關於月餅最早的文字記載是出現在唐朝之後的宋朝，內容是描述唐朝末年有一年中秋節，唐僖宗（西元前862～888年）吃月餅，覺得很好吃，剛巧這時新科進士在聚餐，唐僖宗便命御膳房用紅綾包裹著月餅，賞賜給新科進士們吃。

唐僖宗是整個唐朝近三百年中即位時年齡最小的一個皇帝，即位時虛歲僅十二歲（後來他終年時也只有二十六歲）。覺得好吃就賞賜給新科進士們一起吃，表現出皇帝對這些新科進士們的一番愛護之情。

宋朝對月餅的製作方法更加精緻，月餅還有了「荷葉」、「芙蓉」、「金花」等幾個不同的雅稱。北宋有一種「宮餅」，是皇家在中秋節的時候很喜歡吃的食品，在民間俗稱「小餅」和「月團」。

北宋大才子蘇軾（西元1037～1101年）曾經說「小餅如嚼月，中有酥和飴」，「嚼月」這樣的形容可真有意思，很童話，而「酥」是油酥，「飴」就是糖，「中有酥和飴」，區區五個字，生動呈現出月餅香甜的口感。蘇軾固然是以寫作題材廣泛、幾乎沒有什麼題材不能入詩入詞而著稱，不過把吃月餅寫成了詩句，這個月餅想必是非常的好吃。

到了清朝，關於月餅的記載就比較多了，月餅的品種也不斷增加。同時，在製作月餅的時候，不僅講究口味，在餅面上也有了各式各樣像中秋賞月、月宮傳說、嫦娥姑娘之類的圖案，月餅的製作工藝有了明顯的提升。

這些餅面上的圖案，最初應該只是先畫在紙上再黏貼在餅面上，後來就出現了木質的模具，做出來的月餅就更加美觀。

此外，傳統月餅的個頭都比較大，正適合「中秋節賞月、吃月餅」這樣的習俗，大家一起賞月一起分食，是一幅多麼和樂融融的畫面，月餅愈做愈小是近代的事，應該跟月餅口味愈來愈多很有關係，因為月餅個頭小的話，才有機會多嘗幾種不同的口味啊。

重陽節

農曆九月九日

中國人喜歡吃糕，譬如年糕、米糕、蒸糕、發糕，還有各種口味的糕點，譬如桂花糕、綠豆糕、蓮子糕、棗泥糕、豆沙糕等等，關鍵仍是出於文化因素，因為「糕」與「高」同音，而「高」這個字實在是太好、太吉祥啦，凡是帶著「高」字的幾乎都是好事，譬如升職叫做「高升」，通過某項考試叫做「高中」，一項很棒的意見和看法叫做「高見」、「高論」，一個很厲害的人叫做「高人」，最高層級叫做「高等」或「高階」，最先進的技術叫做「高端技術」，有更好的工作機會叫做「高就」，還有學生碰到考試沒人不想得到高分……

在那麼多的糕點中，重陽糕可說別具特色，不僅因為它是重陽節的應景食品，還因為在它上面用麵粉做的各種飾物也都有寓意，最常見的是做成一隻小鹿的樣子，稱為「食祿糕」（取「鹿」和「祿」同音，「祿」是指古代官員的俸給，譬如俸祿）。

順便說一下，大家有沒有想過，「糟糕」這個詞是怎麼來的呢？應該不會是因為在糕上放了紅棗，因為「棗」在中國人的觀念裡是好東西，被視為與「早」同音，而不會是與「糟」同音，有一種重陽糕就是在糕上放了棗，這是古人在秋收時趁著過重陽節來表達求子的願望，希望早生貴子。

「糟糕」，有一個比較普遍的說法是，一般的糕都是用米粉、麵粉來做，如果拿糟粕、糟糠，也就是酒糟、米糠等一般人不要的東西來做糕，成了糟糕，那當然是很難下嚥，只能在萬不得已的情況下充飢。不過，這樣的糕好歹還是勉強能吃的，所以「糟糕」一詞也都只是用來形容情況不妙，還不到「完蛋」的地步，如果是「完蛋」、蛋都沒了（「完」有消耗盡了、完結了之意），事態自然就比「糟糕」要嚴重得多。

為什麼重陽節要吃重陽糕呢？基本上就是借用「糕」與「高」同音；因為重陽節這天有登高的習俗，要往高處爬，很多人都會在這天結伴去爬山，那麼，在那些沒有山的平原地區該怎麼辦？有人便想到，沒有山就吃糕吧！不妨用吃糕來代替登高。

根據古籍所載，在西漢有九月九日吃蓬餌的習俗。所謂「蓬」就是蓬子，是一種蒿類植物，而「餌」，就是古代的糕。「蓬餌」在先秦時期本來是作為驅邪的食品，漢朝的「蓬餌」、「黍糕」，跟我們今天看到的糕點已經相當類似。

到了唐代，重陽節吃糕的做法漸漸流傳開來，為了強調登高的精神內涵，很多人會在重陽糕上插上一個小紙旗，用小紙旗來代替茱萸，因為在重陽節插茱萸也是一項習俗。唐朝詩人王維（西元701～761年）有一首描寫在重陽節思念親人的名詩：

獨在異鄉為異客，
每逢佳節倍思親。
遙知兄弟登高處，
遍插茱萸少一人。

大意是說，我一個人獨自在異鄉作客，每逢節日就會情不自禁的特別思念遠方的親人，遙想今天兄弟們都紛紛在頭髮上插了茱萸登高望遠，偏偏只少了我一個人啊；言下之意自然是，我好想跟兄弟們在一起，一起插上茱萸登高啊。

在古代，茱萸是一種有很多象徵意義的植物，古人總把茱萸做為祭祀、佩飾、藥用或避邪之用，形成一種獨特的茱萸風俗，在重陽節要佩戴茱萸、或是在頭髮插上茱萸就是一個典型的例子。

為了凸顯重陽糕在重陽節的意義，還有人會把重陽糕堆成九層（因為重陽節是九月初九），最上面再用麵粉做兩隻小羊（用「羊」來代表「陽」，兩隻小羊就是「重陽」，因為「重」有重覆的意思）。

宋代以後，在重陽節吃重陽糕的風氣大盛，糕面上的裝飾也愈來愈多。明清兩代，重陽糕的製作益發講究，最普遍的一種就是用麥麵做餅，再用棗、栗來點綴，稱之為「花糕」。有些地區還會有這樣一種習俗，就是在重陽節當天清晨，家長把花糕切成薄片，放在未成年子女的額頭上，然後祝願「願兒百事俱高」，意思就是希望子女萬事如意，不管做什麼都能有最好的結果，真是一種溫馨滿溢的習俗啊。

除了吃重陽糕，在重陽節還有飲菊花酒的習俗。

重陽節在農曆九月初九，秋天本來就是賞菊的大好時節，古代在很早以前就有飲菊花酒成仙的傳說，而在重陽節這一天更是要「辟惡茱萸囊，延年菊花酒」，意思就是說，佩戴茱萸可以避邪，飲菊花酒則可延年益壽。

根據史料記載，在重陽節釀製菊花酒的習俗，在漢魏時期、也就是距今一千六百年至一千八百年以前，就已相當盛行（「漢魏」是指東漢政權瓦解以後，從三國到兩晉的時期，西元220～420年），到了宋朝，一到重陽節就要飲菊花酒的習俗已確立下來。

到了明清時代，頗時興在菊花酒裡頭加入一些草藥，菊花酒成了一種保健飲料。這主要當然還是著眼於菊花對健康的功效，明朝著名的藥物學家李時珍（西元1518～1593年）關於菊花對人體具有諸多益處的描述，譬如緩解頭痛、能夠耳清目明等等，經常會被拿來引用。

由於菊花酒，重陽節又漸漸成了祭祀酒業之神（杜康）的酒神節。《史記》記載杜康是夏朝（約西元前2070～前1600年）的國君，會做秫酒（「秫」就是黏高粱，在有些地區是泛指高粱），是中國古代傳說中釀酒的始祖。

在古人的心目中，「九」是最大的陽數，重陽節是兩個九，陽氣當然是超級旺盛，所以有的廠家還會特意在重陽節這天鄭重釀酒，深信這天陽氣旺盛一定釀得出好酒，然後在初酒釀好的時候，就拿來祭拜杜康。

臘八節

農曆十二月八日

農曆十二月，又稱「臘月」，據說「臘月」這個名稱是在秦始皇的時代正式定下來的，不過其實早在上古時代民間就已經有這樣的說法。

為什麼古人把一年當中最後一個月稱為「臘月」呢？大致有三個重要的含義，第一，「臘」有「接」的意思，帶著新舊交替之意（《隋書・禮儀志》）；第二，「臘」是指一種在歲末合祭眾神的祭祀，「臘」字是「月

（肉）」字旁，表示要用肉來冬祭（醃製的肉類就叫做臘肉）；第三，「臘者，逐疫迎春」（《荊楚歲時記》），「逐疫迎春」是一種美好的祝願，尤其是在醫學不發達的古代，如果能夠在歲末把疾病全部趕跑，好迎接春天，其實也就是迎接新的一年，該有多好啊。

最早的臘八粥是用紅小豆（赤豆）來煮，古人相信多吃紅小豆可以補益脾胃，強壯身體。後來經過慢慢的演變，再加上各地百姓都會很自然的結合自己富有地方特色的食物，臘八粥的內容遂愈來愈豐富。

到了唐宋，臘八節開始披上頗為濃厚的神佛色彩。這主要是因為相傳佛教創始人釋迦牟尼（西元前563～前483年）是在十二月初八悟道成佛，後人便將這一天定為「佛成道日」，然後信徒們又慢慢將此節日與固有的臘八節合而為一，從此就特別重視十二月初八這一天，

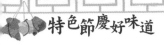

無論是宮廷、官府，還是寺院、普通的百姓人家，都會煮臘八粥、吃臘八粥。

在明清時期，敬神供佛更是澈底成了臘八節這天的重點，而祭祀祖先、歡慶豐收以及希望逐疫迎春這些傳統元素，反而都已經很淡了，或許是因為這個緣故，關於臘八粥的民間故事很多，其中至少有兩個都帶著佛教色彩。

第一個故事與釋迦牟尼有關。傳說在釋迦牟尼悟道之前經過了六年的苦行修道，在這六年當中，他經常不吃不喝，除非實在是餓得不行了，才到附近的村子裡去化緣，可是村民們也都非常貧困，每家能夠施捨給他的食物也不多，充其量只有一點點的米、豆、麥或是果子，釋迦牟尼就把這些東西混在一起煮，熬成粥。後來大家為了紀念釋迦牟尼，便在他悟道成佛這一天，也都要吃一碗雜七雜八的臘八粥。

另外一個故事發生在一所寺廟裡，有一個很懂得愛惜糧食的火頭僧（就是在廚房裡負責燒飯的僧人），他平常如果看到有什麼零星的糧食，哪怕分量不多，只不過是一點點，他也一定會撿起來，細心處理乾淨之後再收進一個布袋裡，就這樣不知不覺積攢了一大袋。一年，在臘八這一天，來寺裡燒香的人特別多，偏偏管理穀倉的僧人都鄰近中午了，還遲遲沒有把糧食交給他，火頭僧很著急，這可怎麼辦呢？結果急中生智，他乾脆把自己那個布袋裡的「糧食」統統先倒出來，煮了一大鍋粥，解決了燃眉之急。後來大家每到臘八便也學著這個火頭僧的做法，把若干像赤豆、胡桃、松子等等眾多食物混在一起煮，成了臘八粥，提醒大家要愛惜糧食。

除了這兩個故事，關於臘八粥的起源，還有以下幾個不同的版本。

一、傳說在上古時代，「五帝」之一的顓頊氏（西元前2342～前2245年），有三個兒子在死後都成了惡鬼，還經常跑出來，讓很多孩子都驚嚇不已，於是家長們便在臘八這天用紅小豆、赤小豆來熬粥，因為大家都對「赤豆打鬼」的說法深信不疑，相信這些惡鬼什麼也不怕，唯獨就是怕紅豆，因此希望孩子們在吃了臘八粥以後，就能避開惡鬼的侵擾，健健康康的長大。

二、傳說在秦始皇修建萬里長城的時候，很多民工不僅長年回不了家，就連食物也得不到保障，經常要餓肚子。有一年臘八，很多飢腸轆轆的民工，大家一起分頭尋找吃的東西，然後把所有能找到的五穀雜糧收集起來，通通丟進鍋裡煮成一大鍋稀粥，每個人分了一碗。在這些人裡頭，很多不久還是活活餓死在長城腳下，其餘倖存下來的人，後來每到臘八節就會特別煮臘八粥來悼念他們死去的夥伴。

三、傳說當南宋抗金名將岳飛（西元1103～1142年）率軍抗敵於朱仙鎮時，天氣嚴寒，眼看岳家軍挨餓受凍，當地百姓不忍心，紛紛相繼送粥，岳家軍在飽餐了百姓合送的「百家粥」、「千家粥」之後，大受感動，精神大振，打了一場大勝仗。當天正好是臘八節。後來，在岳飛死後，老百姓為了紀念他，每逢臘八節便以雜糧豆果煮成粥，漸漸就成了一種習俗。

四、傳說明朝的開國皇帝朱元璋（西元1328～1398年），小時候家裡很窮，一回在幫忙放牛的時候，因為有一頭牛摔傷了腳，財主非常生氣，就把朱元璋關起來，不給他東西吃，朱元璋在餓了三天三夜之後，餓得頭暈眼花，眼冒金星，在屋子裡發瘋般的到處找東西吃，果真從一個老鼠洞裡發現了紅豆、白米等好幾種雜糧，於是便很高興的把這些東西統統混在一起煮了。

另有一說，說朱元璋是在某一次落難的時候，在牢裡餓得半死，然後從一個老鼠洞裡找出一些可吃的東西，煮成一鍋粥。兩個版本的出入很大，朱元璋的年齡不同、分別發生在他不同的階段，不過他找到食物的地方卻都是老鼠洞。不管怎麼樣，據說後來朱元璋發達以後，為了提醒自己不要忘了困難的歲月，也或許是做了皇帝以後整天大魚大肉實在是吃膩了，一天，朱元璋命御廚把一些五穀雜糧煮成一鍋粥。因為當天正好是臘八，傳出宮外，被老百姓紛紛仿效，就被稱之為臘八粥。

五、還有一個版本，時代背景不詳，相傳有一對老夫妻，吃苦耐勞，辛苦了一輩子，留給兒子一份可觀的家業，偏偏兒子不爭氣，兒媳也一樣好吃懶做，小倆口坐吃山空，很快便把爸爸媽媽留給他們的家產給敗光了，一年在冬天來臨時他們還淪落到挨餓受凍的地步，村裡的人看他們可憐，便合力接濟，然後把募來的糧食煮了一鍋雜合粥，在臘八這天送給小夫妻，還說了一句「吃頓雜合粥，教訓記心頭」，小夫妻非常慚愧，從此痛改前非，不再偷懶，日子也就一天一天的好起來。從此，大家都會在臘八這天煮一鍋雜合粥，提醒世人不要好吃懶做，否則就算是有萬貫家財也靠不住。

臘八粥，一般是用各種米（江米、白米、高粱米、黃米等等），各種豆（大豆、紅豆等等），各種乾果（紅棗、杏仁、花生、核桃、栗子、桂圓肉等等），混合而煮成的一種粥，在傳統的農業社會中象徵豐收的歡喜。仔細想想，臘八粥的內容這麼豐富，相關的故事又這麼多樣，也算是很有意思的巧合了。

小年

農曆十二月二十三至二十五日

中國人把正月初一稱為「過年」，除夕稱為「大年夜」，所謂的「小年」是相對於除夕而言，「過小年」的意思就是提前過年、提前驅災避難，以及提前招財納吉，總之就是好事要儘早。在很多地區，傳統的農曆春節實際上是從過小年開始的。

不過，要特別說明的是，「小年」不像元宵、端午、中秋等其他傳統節日一樣，有一個固定的日子，而是在各地有不同的日期，一般來說，北部地區的小年是在臘月二十三，南方大部分地區則慣於是在臘月二十四，但是也有一些例外，譬如南京是把正月十五元宵節稱為小年，雲南地區的小年是正月十六，江南地區把臘月二十四和除夕前一夜都稱做小年等等。

古人還有一種說法，說關於小年的日期，是「官三民四船五」，意思是說官方過的小年是在臘月二十三，普通老百姓是過臘月二十四，水上人家（譬如江南水鄉的部分百姓）則是過臘月二十五，基本上就是在臘月從二十三至二十五這幾天。

過小年最重要的習俗就是祭灶和掃塵。

時至今日，從小年開始打掃還是很有道理的，這樣才能夠有足夠的時間在除夕之前，完成除舊布新的工作。而關於祭灶，現代固然已經不太重視，在古代可是不容輕忽的儀式。

民間祭灶，最初是源於古人拜火的習俗。後來「灶」這個字有兩個解釋，第一，指那些用土坯、磚塊（當然到了近代還有金屬）製成的生火做飯的設備；第二，就是專指灶神。一旦將灶擬人化有了灶神之後，當然就得分派給祂一些工作。在人們的想像中，一開始灶神只是負責執掌灶火，管理飲食，後來就慢慢擴大為考察人間善惡，作為上天降下禍福的依據。

遠從周朝開始，祭灶就已經被列入宮廷祭典，在全國立下了祭灶的規矩，就此成為一個固定的儀式。到了漢朝，「常居人間的灶神（灶王爺），平時負責監察每戶人家有沒有做壞事，而且每年都會在小年這天回天上去向玉皇大帝報告」的傳說，已頗深入人心。這麼看起來，在眾多神仙當中，灶神顯然是屬於基層幹部，可也是一位和老百姓關係密切、和大家生活在一起的神仙。東晉時期還頗盛行一種說法，如果得罪了灶神，讓灶神在玉皇大帝面前告狀、說了什麼壞話，玉皇大帝的處置可不是開玩笑的，「嚴重的要少活三百天，情節比較輕微的也要少活一百天」（出自《抱朴子》），居然上升到攸關性命的層次，可想而知大家更不敢小看祭灶這件事了，幾乎家家戶戶都會設有灶神的神位，平日就好好供奉，每逢小年更是要隆重祭拜。

唐宋時期，祭灶之風很盛，規模已經完全不亞於其他一些祭祀活動，只不過除了豐盛的供品之外，小年這天必定還要準備一項重要的食品，那就是「灶糖」。

「灶糖」是一種麥芽糖，黏性很強，這是因為大家希望灶神在吃了灶糖之後，嘴巴就會被牢牢的黏住，這麼一來就算是灶神想要跟玉皇大帝說壞話也張不了嘴。（那如果灶神是想要說好話呢？）

當然，也不一定是要讓灶神張不開嘴，也有的說法是想藉此讓灶

神的嘴甜一點，如此一來自然就能為大家多說一點好話。

有的地區會把麥芽糖抽為長條形的糖棍，稱為「關東糖」，或拉製成扁圓形的樣子，叫做「糖瓜」。糖瓜一般分為兩種，有芝麻的跟沒芝麻的。冬天如果把糖瓜放在屋外，因為天氣嚴寒，氣溫很低，糖瓜一方面會凝固得很堅實，一方面又不免會在裡面有一些微小的氣泡，因此口感相當脆甜香酥，別有風味。

小年這一天，除了灶糖，「火燒」也是很有特色的節令食品，尤其是在北方，每到臘月要祭灶的前後，城市裡賣火燒的攤點生意總是格外的興隆。

什麼叫做「火燒」？這本來就是在中國北方特別流行的一種特色小吃，模樣看起來跟燒餅很像，只是面上沒有芝麻。火燒的主要食材跟燒餅也很類似，也是麵粉、鮮肉、花椒和香蔥，而且也是用烙或烤的方式來料理，在剛剛出爐的時候總是呈現漂亮的金黃色，外皮酥脆，裡頭的肉則很鮮美，好吃又有飽足感。

此外，在祭灶的時候往往還要準備一隻活雞，象徵是灶神的坐騎。在焚香過後，家裡的男主人會向灶神斟酒叩頭，嘴裡念念有詞，說一些祈福的話，說完以後，祭灶人會高喊一聲「領」，然後將酒杯裡的酒往雞頭澆下去，如果有抖動聲，表示灶神已經領情，上天之後會為這戶人家多說幾句好話，如果雞頭沒有動靜，就得再澆一次。（想像中雞的小腦袋突然被酒這麼一澆，一定都會嚇了一跳，然後本能反應的拍打幾下吧！）

也有人會用秫秸做成「灶馬」、「灶雞」，好讓灶神騎著上天。「秫秸」就是去穗的高粱桿，在中原地區也有百姓會將玉米秸稈稱為「秫秸」，總之是農家很常見的東西。在很多地方，僅僅只是為灶神準備坐騎還怕不夠，還要燒很多紙錢，作為灶神往返的路費（也不知道神仙為什麼還會需要路費，大概就是一種心意吧），甚至還要燃放鞭炮熱熱鬧鬧的相送，然後灶神就這樣升天了，直到除夕夜，大家再恭恭敬敬的舉行儀式把灶神給接回來，叫做「接灶」。

除夕

農曆十二月二十九
或三十日

在整個農曆春節期間，最重要的一頓飯就是除夕當晚的年夜飯了。雖然現代社會基於公德心和環保等理由，不能隨便敲鑼打鼓、不能隨便放鞭炮，大家都說現在的年味愈來愈淡了，不少人還都愈來愈時興乾脆趁著春節假期出門旅遊，或者是為了省事，大家齊聚餐廳，不太在意非要在家吃年夜飯，以至於很多餐廳除夕的生意總是特別好，動作慢了還訂不到呢！但不可諱言，每年除夕，大部分的人還是會選擇要千辛萬苦的趕回家，跟家人一起吃年夜飯，尤其是當父母還健在的時候。在全球華人的心目中，除夕年夜飯仍然有著非常重要的意義。

年夜飯源於古代年終的祭祀儀式。在一年即將結束，全家一起拜祭過神明和祖先以後，就在一塊兒吃頓團圓飯，這就是年夜飯。

可想而知年夜飯的內容必定是非常豐富，象徵過了一個「肥年」，而且在安排菜色的時候也很講究，最重要的原則就是要討吉利、求吉利，拼命跟吉利扯上聯繫，怎麼吉利怎麼來。按古人的說法，這個就叫做「討口彩」，意思是說只講吉利的話，忌諱有任何不吉利的言語。

比方說，魚是一定要有的，因為「年年有餘」，取「魚」跟「餘」的同音。有些地方的年夜飯還會只煮魚而不吃魚，一道魚端上

桌只給大家看一眼，說一聲「年年有餘」之後就端下去了，要到第二天熱過再吃，因為要「年年有餘」呀！如果把魚吃了，豈不是就「年年沒魚（餘）」了？

中文本來就有很多的同音字，在這種時候就派上了用場，譬如要吃柿餅，因為「柿」與「事」同音，象徵「事事如意」。即使不是像「魚」跟「餘」、「柿」與「事」這樣完全同音，諧音也行，於是乎，年夜飯的菜單上要有髮菜，有「發財」的寓意；要有發糕，重點仍在「發」；要有腐竹，寓意「富足」；要有一串一串的香腸或臘腸，寓意「長長久久」；要有雞，寓意「有計」（有辦法）；要有蠔豉，寓意「好市」……

也有不是光從發音上來尋找好的寓意，而是從食材的名字或特性來做文章，比方說，要吃長年菜，這是一種莖葉很長、帶著點兒苦味的芥菜，寓意「長生不老」；要吃蓮藕，因為蓮藕有很多洞眼，寓意「財源廣進」、「路路通」（如果你問蓮藕有那麼多的洞眼，怎麼不擔心吃了會漏財？那——你就少囉嗦了吧！）

還有很多食品，在年夜飯裡頭都有了與平日不一樣的名字，譬如三鮮菜叫做「三陽開泰」、杏仁叫做「幸福來」、雞蛋叫做「大元寶」、豆腐叫做「全家福」等等。

總之，「過年的時候吃什麼才吉利、怎麼吃才吉利」，這可真是一個很能激發聯想的題目，而且幾千年來這份吉利食品的名單還不斷在增加，原因很簡單，因為外來的食品愈來愈多了啊！有一個典型的例子便是蘋果。我們現在看到的、吃到的蘋果是在西元十九世紀中葉，也就是清朝道光年間才從中亞傳入的（所以，如果是發生在唐宋的故事，劇中人居然在吃現在的蘋果就是嚴重的穿幫，唐宋那個時候根本還沒有種植蘋果），有了蘋果以後，每到春節，甚至是平常如果需要去醫院探病的時候，很多人都會買蘋果、送蘋果，取「蘋」和「平」的同音，寓意「平平安安」。

吃年夜飯還有一些「規矩」，包括每樣菜都要吃上一口，表示吃遍八方，萬事順利，所以，挑食的人就麻煩啦；還要慢慢吃，象徵著「長吃常有」，在古代很多人家的年夜飯都是從掌燈時分就開始吃，要一直吃到深夜哪。

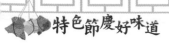

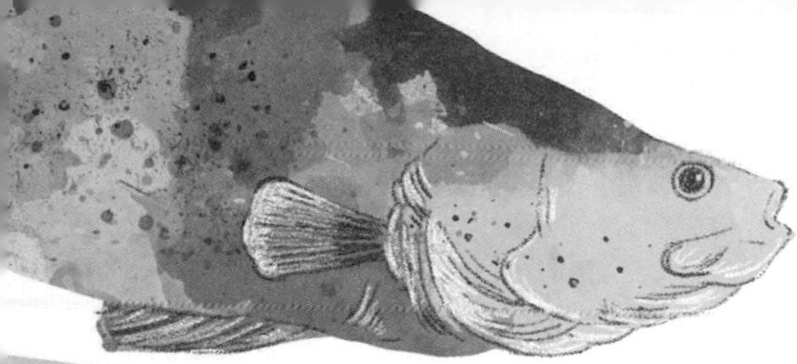

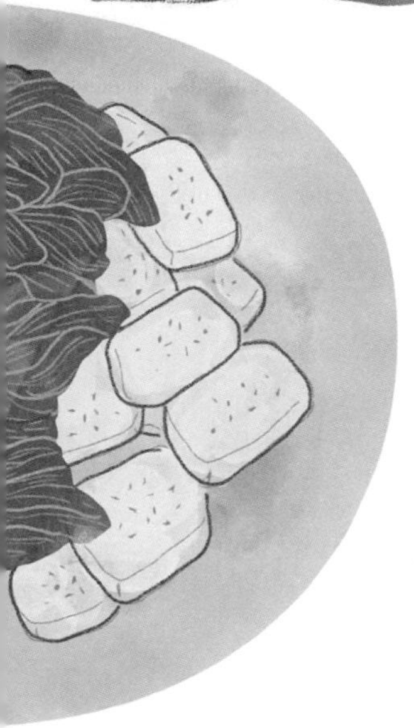

美食典故小學堂

美食的由來、歷史與傳說

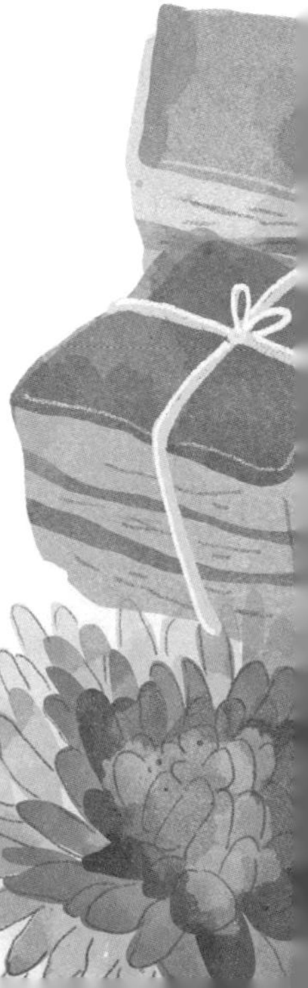

壹 東坡肉

傳說東坡肉是北宋蘇東坡（也就是蘇軾）在無意之中做出來的。

蘇東坡才華橫溢，二十歲就考中了進士，進士可是科舉考試的最高等級，實在是很厲害。之後他便陸續在鳳翔、徐州等地任職。西元一〇七九年蘇東坡遭人檢舉，說他譏諷朝政，被貶為黃州團練副使，這就是著名的「烏臺詩案」。（所謂「烏臺」就是御史臺，因為官署內種了很多柏樹，所以稱為「柏臺」，而很多烏鴉喜歡在柏樹上棲息築巢，所以又稱為「烏臺」。）

「團練副使」在宋朝只是一個閒差，相當於現代民間自衛隊的副隊長。蘇東坡到了黃州以後，擔任這麼一個閒差，沒什麼公務可忙，有很多的時間創作詩文，與朋友交遊，還不時就親自下廚招待友人。

相傳有一天，有朋自遠方來，蘇東坡很是高興，便興致勃勃的準備美食。他把豬肉切成大方塊放入鍋裡，放了水和調料，打算就以微火慢慢的燉煮。看時間還

早，他便與客人先下起棋來，結果下著下著因為太投入了，居然壓根兒就忘了還有肉塊在廚房裡燉煮。

等到蘇東坡猛然想起（大概是他和客人都餓壞了吧），時間已經過了很久，他趕緊衝到廚房，原本以為肉塊一定已經被燒成焦塊，慘不忍睹，沒想到一進廚房就聞到一陣肉香，再揭開鍋蓋一看，只見肉塊一個個色澤紅潤，油亮亮的，煞是好看，品嘗起來，味道更是好極了，軟爛可口、鹹甜適中。

蘇東坡真不愧是一位全方位的大才子，後來他又做了一些總結和調整，為此還特意寫了一首〈食豬肉詩〉（或〈豬肉頌〉），其中有兩句──「待它自熟莫催它，火候足時它自美」，點出料理這道美食的關鍵是需要耐心，而有意思的是，這份耐心原來是蘇東坡的無心之舉，設想那天如果他沒有忘記鍋子裡的肉，也許就不會有這道美食了。

在東坡肉的烹飪過程中，將肉塊放入清水中煮至五分熟撈出，然後再與醬油、冰糖、清水等先用旺火煮沸以後，要再用小火至少燜兩個小時。兩個小時，真的很需要耐心啊。

其實以蘇東坡大名來命名的美食不止東坡肉這一道，還有東坡魚、東坡豆腐、東坡餅、東坡羹、東坡肘子（「肘子」就是豬的腿肉，分為前肘、後肘，也稱前蹄膀、後蹄膀）等等，但似乎還是東坡肉的名氣最大，是浙菜（浙江菜）中的名菜。

也許有人很好奇，東坡肉和一般的紅燒肉有什麼不同呢？感覺好像差不多啊，不都是用五花肉做的嗎？

雖然都是五花肉，但東坡肉的肉皮很軟，所以在挑選豬肉的時候一般都是要選皮薄、肥瘦相間的，而紅燒肉因為還需要煎炒的程序，所以一般都是要挑選肉皮比較硬的，這樣才不會在經過煎炒之後就不好看。當然，東坡肉和紅燒肉的刀工也不一樣，前者每一塊的個頭都挺大，一般都是切得大大方方，有的還會在每一塊肉塊上劃上十字，後者的個頭就不會這麼大。

貳 太白鴨

如果顧名思義，「東坡肉」是跟蘇東坡有關，那「太白鴨」自然就是跟唐朝大詩人李白（西元701～762年）有關了，因為「太白」是李白的「字」啊。古人經常會在本名以外另外取一個表示德行或本名意義的名字，這就是「字」，很多古人的「字」也很有名，譬如關公（關羽）又叫關雲長，「雲長」就是關公的「字」。

李白的名字（白）和他的字（太白）都有著特殊的意義。他出生在遙遠的西域，父親經商，家境殷實。在他即將出生的前夕，母親做了一個奇特的夢，夢見天上的金星墜落，還直接就掉到了她的懷裡，所以在孩子順利出世以後就想以這個夢作為兒子的名字。不過，他們沒把寶寶叫做「李金星」，而是著眼於金星又叫做「太白星」這一點，給新生兒取名為白，字太白。

在李白大約五歲的時候，全家從西域千里迢迢遷回內地，定居在今天四川省江油縣青蓮鄉，日後李白就自號「青蓮居士」。大約在他二十五歲以前，一直都是在四川生活，可以說和四川有很深的淵源。

在他大約二十六歲後離開四川外出漫遊，一連十幾年，到過大江南北很多地方，然後在大約天寶初年來到了京城長安。此時是唐玄宗（西元685～762年）在位時期。唐玄宗用過三個年號，分別是「先天」、「開元」和「天寶」。「天寶」一共十五年，在天寶十四年發生了「安史之亂」，是唐朝由盛轉衰的重大歷史轉折。李白來到長安的時候，大唐王朝仍處於盛世。

李白跟當時其他的文人一樣，都希望能夠盡快得到皇上的賞識，於是就大大發揮自己在文學上的才華，陸續寫了一些作品譬如〈明堂賦〉、〈大獵賦〉等，獻給皇上，再加上知名詩人賀知章（約西元659～744年）的推薦，終於有機會做了翰林供奉。「翰林供奉」這個官都是由文學之士來擔任，與集賢殿書院學士分掌制詔書敕，簡單來講就是負責撰寫朝廷各種公文。

不過，在民間傳說裡，李白之所以能做翰林供奉，除了有賀知章這個年長他很多的知音幫忙，以及獻上的作品獲得了唐玄宗的肯定之外，據說還因為李白獻上了一道來自四川的拿手菜。這道菜是以嫩嫩的肥鴨作為主料，配上枸杞、三七等輔料，再加上蔥、薑、胡椒、紹酒、精鹽、清湯等等，放在蒸鍋裡蒸燜而成。

據說李白獻上之後，唐玄宗覺得湯鮮鴨嫩，口感香醇，很好吃，再一聽說還具有滋補和食療的功效，就更欣賞了，問李白這道菜的菜名是什麼，李白說，不清楚呀，就只是家鄉的一道地方菜，唐玄宗吃得高興，就說那以後就叫做「太白鴨」吧！

相傳「太白鴨」之名就是這麼來的。做這道菜，燜的功夫很要緊，蒸鍋的蓋子一定要密實，才能徹底入味。有的廚師在把食材處理好統統放進鍋子裡之後，還會用皮紙把鍋口封嚴，達到原汁原味的最佳口感。

叁 血醬鴨

不知道李白做「太白鴨」時，選用的是家鴨還是野鴨，古代對於家鴨和野鴨有著明顯的區分，連用來代表牠們的字都不一樣。成書於漢代的《禮記》（這是中國古代一部重要的典章制度選集）裡頭就說：「野名曰鳧，家名曰鶩。」意思是說野鴨叫做「鳧」（ㄈㄨˊ），家鴨叫做「鶩」。

湖南武岡（位於湖南西南部）有一道傳統名菜「血醬鴨」，是用家鴨來做的。這道菜的重點在於「血醬」的製作。什麼是「血醬」呢？在宰鴨的時候將鴨血放進一大碗酸水中（「酸水」就是醋加清水），稍後再加進花椒、大蒜和薑末一起攪勻，這就是血醬。要注意的是，鴨血在放置三至五小時之內就會自然凝固，所以製作血醬要注意時間，要在鴨血還沒有凝固的時候就處理好，否則就不好處理了。

鴨肉則在洗淨之後剁成小塊。開始料理時，待鐵鍋中的油一熱，先把鴨塊倒入爆炒，隨後加入辣椒、茄子

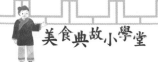

丁等拌炒，再加入適量的湯水燜煮，煮到鍋子裡的湯差不多快乾的時候，把早已準備好的血醬倒進鍋子，最好是一邊倒一邊炒，最後調好味就可以盛盤上桌。

據說血醬鴨的做法源自明初，和東坡肉一樣，屬於一種意外發現的料理，只不過血醬鴨的意外帶著一點兒惡意。

這得從食材的準備開始說起。

一般在把鴨子宰了以後，一定都會先把鴨毛拔乾淨再把鴨肉洗淨；血醬鴨的「意外」，源頭就在這裡。

話說在明朝初年，朱元璋有一個兒子名叫朱楩，由於行事作風相當專橫跋扈，被逐出京城，派遣到武岡為王，而朱楩到了武岡以後，也沒什麼收斂，還是跟之前一樣的囂張，遭到很多人的怨恨，這裡頭就包括他的廚子。

據說有一回，廚子在做一道鴨時，想到朱棣的所作所為，憤恨的想著，哼！好吧，我是拿他沒辦法，不可能當面頂撞他，可是我使一點小手段、出一口怨氣也好啊！於是便故意不把鴨毛拔乾淨，還將本來準備要倒掉的鴨血也倒進鍋子裡和鴨肉一起拌炒，可是炒了一會兒大概是又有一點心虛，但這個時候又已經來不及重新再處理一隻鴨子，怎麼辦呢？廚子的目光四處一掃，想到一個辦法，趕緊再把一些茄子啊、辣椒啊、調味料啊一股腦全部都丟進鍋子裡作為煙幕彈，心想這樣就看不清楚鴨肉上的毛沒有拔乾淨，而且也吃不出來菜裡原來還有鴨血了。

廚子就這樣提心吊膽的把菜端上了桌。沒想到這道菜卻獲得包括朱棣在內的人交相稱讚，朱棣還重賞了廚子。

朱棣在歷史上確有其人，生於西元一三七九年，卒於西元一四五〇年。朱元璋有二十幾個兒子，朱楩是朱元璋的第十八子。按歷史記載，朱楩最初被封岷王於岷州（今甘肅岷縣），十四歲時改鎮雲南，二十歲那年朝廷實行削藩政策，朱楩因被告發不法而被廢為庶人，遠徙福建漳州，直到四年後、明成祖朱棣（西元1360～1424年）稱帝以後，才被明成祖恢復為王，回到雲南，可是由於朱楩「不尊王法」，包括「殺戮吏民」，被明成祖再次罷免，雖然不久又被明成祖恢復，但由於「習性不改」，朱楩在二十九歲那年第三次遭到罷免，被削去護衛。

十六年以後，四十五歲的朱楩被命從雲南北遷至湖南武岡。

從朱楩被罷免三次、以及「不尊王法」、「習性不改」等描述，我們大概可以知道朱楩恐怕不是什麼善類。同時，我們還可以了解兩件事，第一，朱楩與武岡確實是有些淵源，或許就是因為這樣的緣故，在武岡的民間傳說才會把他和血醬鴨這道地方菜聯繫在一起；第二，從這個故事我們還可以得到一個啟示，那就是——千萬不要得罪廚師啊！

肆 烤乳豬

很多人都以為烤乳豬是西方的做法，其實不然，在中國三千多年以前就有關於烤乳豬的記載，可見中國人也是吃烤乳豬的。

在周代的「八珍」（指八種珍貴的食材，或者是指八種烹調方法），「炮豚」就是其中之一；「炮」在這裡是指一種烹調方法，意思是「將魚肉片等放在鍋或鐺裡頭，然後放在旺火之上迅速攪拌」，「鐺」是金屬製的物品，而「豚」是泛指豬。（順便一提，「豚兒」一詞是古人用來謙稱自己的兒子，和「小犬」是一樣的意思，只不過感覺上用「小犬」似乎比用「小豚」要普遍一些。）

總之，「炮豚」可以理解為烤乳豬。周代的「炮豚」還特別要求要選用還在吃奶的小肥豬。（好可憐的豬寶寶……）

南北朝時，烤乳豬叫做「炙豚」，前面我們說過，「炙」差不多就是「烤」的意思，是「把去毛的獸肉串起來在火上燻烤」，注意「串」這個字，意思就是會用一根硬木棍從豬的口內穿

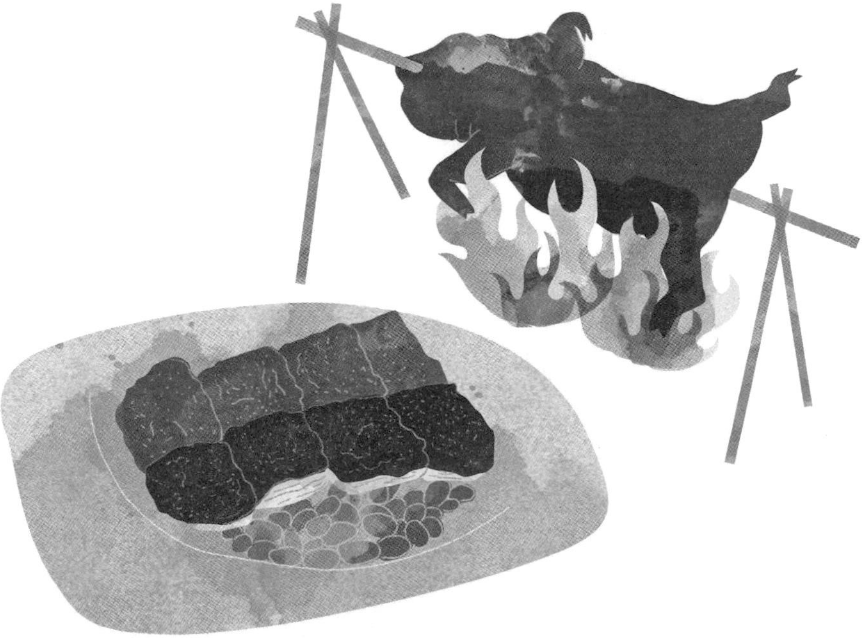

進去一直穿至尾部，然後用「緩火遙炙」，還要一邊烤一邊在豬身塗油，先是塗抹清油，至表皮發白，再塗抹豬油或芝麻油，直到烤製成熟。

清乾隆時期，烤乳豬叫做「燒小豬」，料理完成以後，關於豬皮有一個評價標準，「以酥為上，脆次之，硬斯下矣」，如果是「酥」的口感是最好的，其次是吃起來要脆脆的，如果吃起來的感覺很硬，那就是最糟糕的了。

烤乳豬的做法是怎麼來的呢？相傳是有一戶人家突然起火，火勢一發不可收拾，等到主人得到消息，慌忙回到家一看，家裡早就已經被燒得很徹底，什麼都沒有了，稍後就在他四處走來走去檢查損失的時候，忽然聞到一股誘人的香味，循著這股香味，他找到一頭燒焦的小豬，看到豬皮發亮，他順手剝了一小塊往嘴裡一塞，脆脆酥酥，很好吃，這才發現原來豬還可以這樣來料理。

記得看過這樣一張劫後餘生的照片，一家人站在失火的房子前，或是站在翻覆的車子旁合影留念，這可真是想得開啊，在從著火的房子裡逃出來，以及經歷了車禍大難不死以後，心想反正房子燒就燒了，車子撞就撞了，只要人平安就是萬幸，何妨拍照做個記錄，畢竟這樣的事也是難得才會碰到。剛才在故事裡那個發現烤過的豬皮很好吃的人，大概也是基於同樣的心理吧。

伍 肉鬆

便於攜帶的肉鬆（又稱肉絨、肉酥）是怎麼來的呢？比較普遍的有兩個版本，兩者相差至少六、七百年。

第一種說法，說肉鬆誕生於西元十一世紀左右，是蒙古人發明的。據說蒙古人在每年秋天都會殺掉一些老弱的牲畜（主要是牛），把牠們的肉經過砸壓等方式處理成肉鬆，再貯藏起來，當成口糧帶著走，可以乾吃，也可以用肉鬆加牛奶做成濃湯。

相傳成吉思汗（西元1162～1227年）就是靠著肉鬆和牛奶，大概還有兩者相加的濃湯，馳騁於歐亞大陸。

這個說法是有佐證的，就是根據馬可．波羅（西元1254～1324年）在他遊記裡的描述，說彪悍的蒙古騎兵會攜帶一種特別的軍需物資，是一種粉末狀的肉鬆，要食用之前他們會先取半磅左右放入隨身的皮囊裡，然後加進一點兒水，就這樣掛在馬背上。這樣過了一段時間，藉著馬兒奔跑所產生的震動，粉末狀的肉鬆就會充分溶解，成為粥狀，然後就可以大口大口的食用，

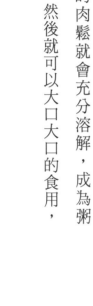

而且在食用的時候根本不需要下馬，就這麼一邊行軍一邊吃，非常方便，既節省時間又能迅速補充體力。

蒙古騎兵真是超有效率的！

據說在長途行軍或者缺乏糧食的時候，只要不時吃上幾大口這樣的肉鬆，就能大大提高存活率。

到了清康熙年間，有書上記載了製作雞肉鬆的方法；清乾隆年間多了關於豬肉鬆、魚肉鬆製作方法的記載；至清咸豐年間，出現了關於肉鬆製作的第二個普遍的說法。在這個說法裡，有時間、有地點還有最重要的人名——是誰發明了肉鬆呢？

相傳是在西元一八五六年（咸豐六年），福州鹽運使劉步溪（「鹽運使」是在主要產鹽地區負責主管鹽務之官）有一個廚師，名叫林鼎鼎。相傳肉鬆是林鼎鼎發明的，而發明肉鬆的經過，有一點兒類似蘇東坡發明東坡肉，也是在無意之中發明的。

一回，劉步溪在家中宴客，林鼎鼎忙中有錯，不小心把一盤豬肉煮得太爛，不知道該怎麼辦，偏偏這時劉步溪又叫人來催廚房趕緊上菜，林鼎鼎很著急，乾脆火速加進各種配料，炒製成肉絲粉末端上桌。

接下來，事情的發展就不難想像了。眾多賓客都對這道沒吃過的菜讚不絕口，從此劉步溪只要是在家裡宴客，都會交代林鼎鼎再做這道菜，而林鼎鼎也跟蘇東坡一樣，在第一次意外做出好菜之後就立刻研究和改進了一番，這樣下回不但還照樣做得出來，並且還能在「色、香、味」的把握上表現得更好。

林鼎鼎就這樣愈做愈有心得。眼看大家都那麼喜歡吃自己做的肉鬆，林鼎鼎自然也就愈來愈有信心，後來乾脆辭去了官廚，回家創業，開了一個店鋪，專門做起肉鬆來了。

他的店鋪打從開張以來生意就很好。過了一段時間，福州官吏要進京的時候，都會帶上林鼎鼎鋪子裡的肉鬆作為伴手禮。

肉鬆的做法，基本上就是將肉先煮爛，再經熗製、揉搓而成，口感香酥，營養豐富。大致分為三種，油酥肉鬆以福建產的最有名，纖維較短；肉粉鬆是呈疏鬆顆粒狀，在福建和天津一帶的產量比較大；還有一種肉鬆，纖維較長，呈蓬鬆的絮狀，主要產自江蘇。

陸 香腸

香腸的歷史應該是早於南北朝（西元420～589年）以前，也就是距今至少一千六百年以上。香腸的做法最早見於《齊民要術》，稱為「灌腸法」，是將動物的肉絞碎，然後塞進腸衣，再乾製做成管狀的食品，可以貯存很長一段時間不會變質。要吃的時候，只要弄熟了就可以吃，非常方便。

「腸衣」是一個專有名詞，是指家畜的大腸、小腸經過刮製而成的畜產品，常見的有豬腸衣、牛腸衣和羊腸衣，主要就是用來填製香腸。羊腸衣還可以製成腸線，提供作為製作網球拍線、弓弦和外科縫合線等等之用。

一般來說，香腸都是用小腸的腸衣，當然也有的是用大腸的腸衣。

此外，「香腸」一詞是一個比較廣的概念，一般也包括了臘腸，有的地方還會把火腿腸、血腸、玉米腸等等，也一概籠統的稱之為香腸，或是「食用腸類」。不過，很多人還是會把香腸和臘腸做一個區分，畢竟這兩者的製作方法還是不一樣的，香腸一般是燻烤（路邊小吃攤都是「烤」香腸），煮和蒸的方式也有，臘腸則需要醃製、風乾和煙燻。以口味來說，廣式香腸和川味香腸最為知名。

在過去，香腸總是和過年聯繫在一起，這是因為大家多半都是到了快要過年的時候才會製作香腸，到今天雖然「做了香腸好過年」扔是很多地方的傳統，但是在平常的日子裡，只要想吃香腸還是到處都可以吃得到，大家早就不限於一定要在過年期間才能做了。

香腸最初是怎麼來的呢？有一個關於東莞臘腸的民間故事，流傳得比較普遍，在很多資料上都看得到。（首先我們要知道，東莞位於廣東省中南部、珠江口岸，所以東莞臘腸是廣式口味。）

或許因為東莞臘腸的模樣是短短粗粗的，所以才讓人有所聯想。一開始，這個小故事給人的感覺好像有那麼一點在取笑人家身材的意思。

據說在很久以前，東莞臘腸其實並不短，個頭都比較長。有一個賣臘腸的人，因為個子比較矮小，當他挑著臘腸沿街叫賣的時候，經常一不小心就讓臘腸拖到了地上，這麼一來當然就影響了生意，讓他很是懊惱。

一天，他想著，這個臘腸這麼長，真麻煩……忽然，他靈機一動，有了！沒人規定臘腸的個頭一定要這麼長啊，乾脆我就來做短臘腸好了。

於是，他就改變臘腸慣有的大小，把臘腸做得粗粗短短，結果推出之後效果很好，不僅以後在沿街叫賣時臘腸不再那麼容易就拖到地上，也很有特色，一下子就跟別人家做的臘腸區隔開來；不久，還有人告訴他，說臘腸做成這樣的大小比較方便，當家裡吃飯的人比較少的時候，需要準備多少分量、需要煮幾根都比較容易抓得準。總之，改變了長度的臘腸很受歡迎，生意很好（當然，味道想必一定也是很不錯的，畢竟味道好永遠是關鍵）沒多久，這個人就有了自己的店鋪，不必再那麼辛苦的沿街叫賣了。

這個小故事還有一個小尾巴。據說從此大家就會用「東莞臘腸」一詞，來形容那些個子矮小、但腦筋靈活的人。

柒 夫妻肺片

在國外光顧過中國餐館的人都知道，很多中華美食的英文菜名實在都很讓人哭笑不得，比方說，「四喜丸子」的英文叫做「四個高興的肉丸子」，「口水雞」叫做「流口水的雞」，「童子雞」叫做「還未交配過的雞」，「回鍋肉」叫做「煮了兩次的肉」，「驢打滾兒」叫做「翻滾的毛驢」……

不過，有一道菜的英文名字則一看就很驚悚，叫做「丈夫和妻子的肺切片」，後來不知道是不是因為實在是太驚悚了，於是這幾年又出現另外一種比較時髦的說法，叫做「史密斯夫婦」（源自一部好萊塢電影）！

猜得到這是指哪一道菜嗎？原來是四川成都的一道名菜——「夫妻肺片」。（對應一下那個驚悚的英文菜名，還真是一個字一個字的翻譯法啊。）

這道菜問世的時間倒不算太久，距今大約只有八、九十年，還真的是由一對夫妻所打響了名號，而且這對夫妻有名有姓，只要一查「夫妻肺片」的相關資料，都會看到他們的大名，那就是郭朝華先生和張田正女士。

他們將牛雜（指牛的臟器）經過加工、滷煮以後，切成片，佐以醬油、辣椒紅油、花椒粉、芝麻粉等涼拌而成。要特別一提的是，雖然說食材是牛的臟器，但裡頭其實並沒有牛肺，而是牛心、牛肚、牛舌、牛頭皮、牛蹄筋等等，後來有人又加進一些牛肉，基本上就是

「牛雜大雜燴」。

這道菜原本沒有名字，後來為什麼會叫做「夫妻肺片」呢？有兩種說法，一個是說因為過去四川人和雲南人在將牛宰殺了以後，是不吃內臟的，由於這些部分被廢棄不用，所以統稱之為「廢片」，後來郭朝華和張田正夫妻倆把這些「廢片」烹製成美味（頗有廢物利用的意思），由於「廢」與「肺」同音，被人以訛傳訛，就成了「肺片」；另一種說法是，「燴」與「肺」的音滿近的，有人將「牛雜大雜燴」說成了「牛雜大雜肺」，久而久之「肺」這個字就算是固定下來、菜名中少不了它了。

所以，簡單來說，有兩個重點，「夫妻肺片」確實是與一對夫妻有關，然後食材裡並沒有肺。

不過，相傳在清朝末年，在成都有很多小販，會將成本低廉的牛雜碎邊角料，經過清洗、滷煮以後切片，再佐以醬油、紅油等等，然後挑著扁擔在街頭叫賣，因為風味獨特又物美價廉，很受歡迎。根據這樣的說法，那不難想像郭朝華和張田正夫妻倆肯定是精益求精，才能把這樣的街頭小吃做成了一道名菜。

捌 大雜燴

什麼叫做「燴」？這是一種烹飪方法，就是將湯汁先注入鍋中，再加進食材然後用慢火慢慢煮，煮到湯汁沒那麼多的時候再勾芡一下就好了。

而「雜」呢？這個字最早出現在戰國時代，距今至少超過了兩千兩百年，在戰國末至漢朝初年還有一個哲學學派，叫做「雜家」，「以博采各家之說見長」，意思就是說取各家的長處，融會貫通。從「博采各家」就可看出「雜」的基本特色，那就是「不止一種」。

比方說，在動物界，草食性動物只吃植物，肉食性動物是獵食其他動物，雜食性動物則又吃植物又吃別的動物，可吃的東西最多；在文學上，自漢魏以來，詩人經常以「雜詩」為題，類似「無題」，都是一些隨感而作、即興而作的作品，雖說「無題」，實際上因為沒了題目的「限制」，給人的想像空間往往很大；在閱讀上，如果有人說「我讀書很雜」，通常是一種謙稱，其實是表示自己讀書的面向比較廣，並不局限於只是看哪一類；現在一道菜裡頭有個「雜」字，我們首先就可以了解這道菜的食材很豐富，不會只是一兩種而已。

前面說的「夫妻肺片」是以好幾種牛的臟器、也就是牛雜作為食材，「大雜燴」則是選用好幾種葷素食材一起料理。

關於這道菜的典故，民間傳說中有幾個不同的版本，最出名的一個是跟清末大臣李鴻章（西元1823～1901年）有關，所以在這個版本裡，這道菜又叫做「李鴻章大雜燴」。

話說西元一八九六年（光緒二十二年），時年七十三歲的李鴻章被清政府派去俄國參加沙皇尼古拉二世（西元1868~1918年）的加冕典禮，接著再從俄國直接去美國進行國事訪問。（順便一提，尼古拉二世是俄國的末代沙皇。）

在美國期間，有一天晚上，李鴻章以中華美食宴請一些美國高層官員。為了這頓飯，廚師做足了準備，冷盤、熱盤一共準備了四十八道菜，照理說應該已經非常豐富了，沒想到這天晚上大家的興致都很高，賓客們對於中華美食更是非常激賞，這頓飯一吃就是兩個多小時，賓客們竟然都沒有要離開的意思，李鴻章見狀便命人催促廚房趕快再上菜。

廚師很著急，狼狽不堪的火速向李鴻章報告，中堂大人，怎麼辦？四十八道菜都上了！廚房裡準備的材料已經統統都用完了，現在也來不及再去採買食材，沒菜可上了！

李鴻章一聽，馬上腦筋一轉，吩咐廚師從之前撤下去的菜中揀出一些好的部分，什麼菜都揀一點，然後一起用大骨湯煮一盆端上來，這樣不就是一道菜了嗎？（所以——原來就是「剩菜大集合」呀！不過，在酒席中倒是經常有因為大家都在忙著講話、忙著喝

酒，一道菜上了之後根本還來不及吃就被撤下去的情況。希望那天晚上那些賓客吃到的都是這樣沒動過的剩菜……）

很快的，一道有葷有素、食材豐富的菜就上桌了，賓客們都大呼好吃，有人問李鴻章這道菜叫做什麼？剛巧李鴻章告訴大家「好吃多吃」（意思是覺得好吃不妨就多吃），此時因為翻譯恰巧離席，這些美國客人一聽，覺得「好吃多吃」聽起來和英文裡的「大雜燴（Hotchpotch）」很像，就以為這道菜叫做「大雜燴」。

據說，從那以後，在美國的中國餐館就一定會供應「大雜燴」這道菜，不過當然不會是拿剩菜來料理（哪怕是沒被動過的剩菜），而且當然都會選用上等食材，有葷有素，總之就是一定要雜得非常豐富。

玖 全家福

「全家福」經常是酒席、尤其是婚宴或家宴（比方說年夜飯）的頭菜，以示闔家歡樂，幸福美滿。「頭菜」的意思就是在宴會上所上的第一道大菜。

既然是大菜，可想而知食材一定不簡單；確實如此，這道菜所要用到的食材不僅種類繁多，講究的可多達十幾種，而且其中還不乏包括好幾種比較昂貴的食材。

在食材的配置上也要注意，要有海味（譬如海參、鮑魚、蝦、魷魚等等），肉類（譬如豬蹄筋、臘腸、豬皮、瘦肉、火腿、炸丸子等等），菜類（譬如腐竹、冬菇、木耳、西芹、竹筍、洋蔥、韭黃等等），還要有乾果類（譬如花生、腰果等等）。

這道菜的典故有好幾種不同的說法，有兩個版本裡頭談到關於這道菜菜名的由來和傳播的途徑剛好相反，一個說是從宮廷傳到民間，另一個則說是從民間傳到宮廷。

相傳在明成祖永樂年間，有一年元宵節，明成祖朱棣（西元1360～1424年）偕同皇后、皇妃、太子等人一起來到鬧市賞花燈，與民同樂，結果流連忘返，一直玩到很晚才起駕回宮。回到宮裡以後，大家都餓了，便命御廚供膳。

御廚原本準備的御膳早就都冷了，此時又來不及全部重做，於是，御廚乾脆選取了好幾樣冷膳放進鍋裡，再加入一些鮮香調料，很快便端出一大盆色香味俱全、食材花樣又很多的大菜。

大家都吃得很滿意，明成祖問這道菜叫做什麼，怎麼以前沒見過，御廚覺得皇帝和家人難得在一起這樣和樂融融的吃飯，這天又正好是元宵節，便當場為這道實際上是救急的菜取了一個名字，回答道，這是「全家福」。據說這位御廚後來告老還鄉的時候，把「全家福」的做法帶到民間，深受歡迎。

另一種說法，年代要早得多了，要早了一千多年，據說是跟一個命大的儒生有關。

相傳秦始皇（西元前259～前210年）焚書坑儒，有一個儒生大難不死，晚上從坑裡爬了出來。他先在山林裡躲了幾天，然後還是忍不住偷偷溜回家。妻子見了他，在悲喜交加之餘也憂心忡忡的催他趕快離開，保命要緊。這個儒生就這樣忍痛告別了妻兒，流落他鄉，直到秦始皇駕崩，秦二世（西元前230～前207年）登基，滿心以為危險已過，趕緊回家。

不料，當他回到家鄉才赫然得知，這裡在兩年前發生過一場洪水，很多人都在大水中不知所蹤，這其中就包括他的妻兒。儒生大慟，頓時不想活了，就這樣跳了江。

這個儒生還真是命大，這回又沒死成，被一個漁人救了起來。漁人在好心帶儒生回家的路上，說起兩年前自己也從水裡救起一個好青年，現在都成了他的女婿。結果，一回到漁人的家，儒生驚喜交加的發現，原來漁人的女婿就是自己的兒子！

後來，他們經過一番苦苦尋找，終於把儒生的妻子和女兒也找了回來。歷經坎坷，一家四口終於團圓了。

為了慶祝他們一家團圓，漁人特意請來一位大廚來製作家宴。這位大廚師在了解了儒生一家的遭遇之後，內心也很受觸動，便專程為他們做了這麼一道內容非常豐富的菜，取名為「全家福」，祝福他們今後全家幸福。

後來，「全家福」極受歡迎，做的人愈來愈多，慢慢還傳入了宮廷，成為一道宮廷名菜。

拾 砂鍋魚頭豆腐

清朝康熙皇帝（西元1654～1722年）和乾隆皇帝（西元1711～1799年）這對祖孫都曾六下江南，但動機不同、意義不同；康熙主要是想要了解東南地區老百姓的生活，並視察一下一些重要的堤防，每次的行動都很儉樸，據說很多時候都是微服出訪，沒有驚動地方官員，也沒有擾民；而乾隆呢，雖然在離開都城北京之前，當他宣布要下江南時，表示自己的目的跟祖父是一樣的，可實際上大家都看得出來乾隆的心情要輕鬆得多，大有炫耀自己豐功偉業的意思，著重玩耍。或許就是因為這樣的緣故，乾隆六下江南，留下了不少墨寶（到現在江南很多地方都有乾隆當年題字的匾額或石碑，康熙在這方面就少得多），當然，乾隆也留下了不少軼事。

有一道杭州的傳統名菜、特別適合在冬天吃的「砂鍋魚頭豆腐」（簡稱「魚頭豆腐」），就是其中之一。

相傳乾隆皇帝有一年春天下江南來到杭州，正是季節多變、乍暖還寒的時候。一天，在接近中午時，乾隆微服私遊吳山（位於西湖東南面），突然遇到大雨，他急忙跑到半山腰一戶人家的屋簷下避雨。站了好一會兒，看大雨好像沒有要停的樣子，乾隆又冷又餓，便轉身走進屋內想叨擾一頓午餐。

屋主名叫王小二，是一家飯店的伙計，這天正好在家。王小二是一個好心人，不忍心拒絕陌生人，但是因為家貧，也拿不出什麼好東西來待客，便把家中僅有的一塊豆腐拿來對切，一半用來燒菠菜，一

半跟一個魚頭一起放在砂鍋裡燉，之後乾隆吃了，感覺味道特別的好，尤其是砂鍋魚頭，讓他不久回到北京以後還是念念不忘，可是讓御膳房做，做出來的卻怎麼都好像不如王小二做的好吃。

下一次乾隆又下江南時，專程去了一趟吳山，找到王小二的家，贈給王小二銀兩，讓他在吳山山腳下開了一家屬於自己的飯店，專賣砂鍋魚頭豆腐。這家飯店叫做「王潤興」，喜歡題字的乾隆還特別為王小二的飯店題了三個字——「皇飯兒」。

「皇上愛吃的菜！」這樣的口碑當然是威力驚人，慕名而來的顧客愈來愈多，王小二在選材上也開始講究起來，現在他的砂鍋魚頭不僅營養豐富，而且非常的好吃，不需要靠著饑寒交迫、吃什麼都好吃的心理作用來加分了。

有一句歇後語——「王小二過年，一年不如一年」，有人說這個歇後語中的王小二，就是那個做出讓乾隆盛讚不已的魚頭豆腐的王小二，在這個版本中，關於乾隆第二次專程去找王小二的細節，與前面所說的有些不同。

據說，乾隆第二次遇到王小二的時候，正是春節期間，但是王小二卻失業在家，十分窘迫，乾隆見狀就賞賜他錢財，讓他能夠開一家飯店，賣他拿手的魚頭豆腐。王小二用心經營，過了一段時間，就這樣擺脫了困境。

有人還這麼寫著：

肚饑飯碗小，魚美酒腸寬；
問客何所好，豆腐燒魚頭。

此外，還有一點要注意的是，魚的種類這麼多，這道菜幾乎都是選用鱅魚。鱅魚又叫做「大頭魚」、「胖頭魚」、「大頭鰱」或「花鰱」。說牠是「大頭魚」、「胖頭魚」可一點也不誇張，因為牠的頭真的很大，大到占了魚身的三分之一以上，是全身的精華所在，據說富含脂肪和膠原蛋白，所以砂鍋魚頭豆腐的風味才會這麼的好。

拾壹 松鼠桂魚

做什麼菜都得選用最恰當、最理想的食材，這樣才能將廚藝做最大的發揮。同樣是以魚為主要食材，「砂鍋魚頭豆腐」是選用鱅魚，這道「松鼠桂魚」是選用桂魚。

不過，「桂魚」其實是俗稱，正式的名字叫做「鱖魚」，有些地方稱為「花鯽魚」，這是中國特產的一種魚，生活在淡水裡，按資料上形容是「體側扁，性兇猛，味鮮美」。

關於這道菜的典故，也有幾種說法，其中有幾個也是跟乾隆皇帝有關，我們就講其中的一個吧。

話說也是在乾隆某一次下江南的時候，到了蘇州，一天，信步來到一家酒樓，酒樓外有個池子，裡頭養了不少桂魚，乾隆看了不覺食指大動，便伸手一指，說想吃池裡的魚。乾隆不知道這些魚其實原本是要用來作為敬神的祭品，一般是不敢吃的，但是皇帝不是一般人呀，現在皇帝想吃，該怎麼辦呢？

廚師自然不敢違抗皇帝的命令，根本連告訴皇上那是「神魚」都不敢，就立刻想出一個折衷的辦法，乾脆把桂魚料理得第一眼看上去不像是魚吧，這樣既可以讓皇帝吃到想要吃的魚，又可以在老天爺那裡避開吃「神魚」之罪。

這道菜做起來挺費工，魚身要先去骨，剞上花刀（「剞」是雕刻的技術），再拿去炸，魚頭還跟魚身分了家，是直直的放在餐盤上，總之就是把一條魚弄出「昂頭翹尾」的效果，又色澤橘黃，形似松鼠，再加上魚身經過油炸再澆上番茄汁時會發出松鼠般吱吱叫的聲音，所以後來就把這道菜叫做「松鼠桂魚」。乾隆吃了以後，覺得魚肉外脆裡嫩，酸甜合度，再加上造型奇特，覺得很有巧思，大為讚賞。

不過，這個版本有一個補充，有人說其實早在乾隆皇帝下江南之前，蘇州就已經有「松鼠魚」這樣的做法了，只不過之前都是用鯉魚來製作，

自從乾隆皇帝要吃桂魚，並且在吃過之後讚不絕口，這道菜才逐漸發展成改用鱖魚來取代鯉魚。

按這個故事，如果在乾隆下江南之前就已經有「松鼠魚」這樣的作法，那麼這種作法最早又是怎麼來的？有一個版本可以解答，據說可以追溯至兩千多年前的春秋時代，與一位刺客有關，他的名字叫做專諸。

事情發生在吳國。公子光想要殺掉吳王僚（卒於西元前515年）自立，伍子胥便向公子光推薦了專諸。一天，公子光在家中宴請王僚，專諸精心做了一道魚，將一把小小的匕首藏在魚肚子裡，為了不讓任何人起疑，遂想出這樣的辦法將魚身的造型弄得很誇張，然後趁著上菜的時候，專諸迅速抽出魚腹中的匕首，刺殺了吳王僚。

可憐的吳王僚，大概什麼都還沒搞清楚、還在研究這是什麼菜的時候就一命嗚呼了。

當然，專諸也被吳王僚的侍從當場就殺了。他在行刺之前想必也早就知道自己是必死無疑。公子光隨後如願自立為王，是為吳王闔閭。為了答謝專諸，吳王闔閭遂以專諸之子為卿。

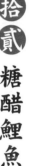

拾貳 糖醋鯉魚

用鯉魚來做名菜還滿普遍的，因為鯉魚適應性很強，是中國重要的養殖魚類，除了西部高原之外，各地淡水都有，中國養鯉已有兩千四百多年的歷史，中國人吃鯉魚也差不多有這麼久的歷史，可以說中國人挺愛吃鯉魚的，只有在唐朝，因為「鯉」與「李」諧音，朝廷曾經非常嚴肅的下過一道命令，不准大家吃鯉魚，否則就是對李氏天下的大不敬！

直到唐朝滅亡以後，老百姓又紛紛開始吃起了鯉魚。中國人為什麼這麼愛吃鯉魚？或許是因為它的種類多，個頭又大，經常有鯉魚可以長到一百公分！或許還因為認定它有仙氣吧（當然這都是出於古人的想像），所以就像民間常有的「吃腦補腦」的觀念，很多人都很喜歡吃鯉魚。西方人就不愛吃鯉魚，因為牠多刺。

講到鯉魚的仙氣，在很多傳統神話故事中都能見到，大多提及鯉魚能帶人升天去做神仙。比方說，有這麼一個故事，說有一位漁人，某天網到了一條紅色的鯉魚，覺得牠很漂亮，捨不得宰殺，便養在池塘裡，三不五時就用米和穀物來餵養牠。這樣過了一年，這條鯉魚居然長到了一丈多！

這還沒完，過了不久，牠的頭上居然長出了角，身上還長出了翅膀！

漁人見了，非常驚恐，不覺之間膝蓋一軟就跪了下去，對著這條已經不是鯉魚的「魚」拼命磕頭，深怕是不是得罪了什麼神明。這時，鯉魚開口了，對漁人說：「你不要害怕，我是來接你升天的，趕快騎到我的背上來！」

漁人不敢拒絕（也許還很高興），立刻就乖乖聽話爬到了鯉魚的背上。此時天降大雨，鯉魚頓時就騰空飛去，沒一會兒就消失在雲霧之中。

如果想吃鯉魚是很方便的，鯉魚是亞洲原產的溫帶性淡水魚，經常一群一群生活在平靜且水草叢生的池塘、湖泊、河流中。不過，自古以來，黃河鯉一直最為人所稱道，都說黃河鯉的肉質特別肥嫩，料理起來特別鮮美。山東濟南北臨黃河，「糖醋鯉魚」不僅是濟南的傳統名菜，也是魯菜裡的代表名菜，「色澤金黃，外焦內嫩，酸甜可口，香鮮味美」（「魯」就是山東的簡稱。）

這道菜料理起來還頗費事，不止程序多，還因為鯉魚本身就不是很好「處理」。長久以來，「要吃活魚，活魚才新鮮」的觀念根深蒂固，所以很多餐廳都是把魚養在水缸裡讓客人來挑，客人選中哪一條，這條魚就死定了，馬上就被工作人員撈起來捉到廚房去宰殺，然後以最快的速度製成菜餚，然而，鯉魚在被宰之後不會馬上斃命，總是還要折騰很久，有時甚至都入鍋了還會猛然一跳把鍋蓋頂翻，嚇人一跳，看上去好像還在做什麼掙扎似的，其實這只是正常的神經反射現象罷了。

拾叁　西湖醋魚

同樣是以魚為主要食材，而且也用到醋，杭州名菜「西湖醋魚」很有名，如果你去杭州遊玩，在餐廳裡不知道該點什麼菜的話，點「西湖醋魚」就對了。

「西湖醋魚」頗有歷史，無怪乎被稱為「杭州傳統地方風味名菜」。關於「西湖醋魚」的典故，有這麼一個故事，據說是發生在南宋，那就是距今至少七、八百年以上了。這道菜還有兩個別名，「叔嫂傳珍」和「宋嫂魚」，前者點出了關於「西湖醋魚」典故中兩個主要人物的關係，是嫂嫂和小叔，後者講明了嫂嫂姓宋，不過按故事情節這應該是她的夫姓。

相傳在南宋的時候，有一對姓宋的兄弟。哥哥已經結婚了，弟弟還沒有，跟著兄嫂共同生活。兄弟倆的學問都很好，但是都淡泊名利，無意去爭取什麼功名，一起隱居在西湖邊以打漁為生。

這樣的日子原本過得也挺平靜，不料，有一天，厄運降臨；家中的女主人在西湖邊洗衣服的時候，被一個遊湖的惡棍看上，不久，惡棍為了得到這個女人，竟害死了她的丈夫。嫂嫂和小叔當然是立刻去告官，希望官府為他們主持公道，伸張正義，然而由於那個惡棍在地方上的惡勢力很大，早就跟官府都勾結好了，所以，他們告官不但沒有結果，還雙雙都被打了一頓！

被趕出官府以後，兩人自然都悲憤交加。做小叔的領教了官府的黑暗，生平第一次有了想要求取功名的念頭，認為有了功名才可以為哥哥報仇，也才能保護自己和嫂嫂。

回到家，基於安全顧慮，嫂嫂要小叔趕緊收拾東西逃到外地去，以免惡棍來報復。小叔問，那嫂嫂你怎麼辦呢？嫂嫂說我也會跑的，我會躲起來。臨行前，嫂嫂燒了一道魚，又加糖又加醋，吃起來甜甜酸酸，風味很獨特，小叔好奇的問，嫂嫂今天的魚怎麼做得這麼特別，以前你從來沒有這樣做過呀！嫂嫂說，我對你的才華很有信心，你這一去，一定能夠榮華富貴，希望你日後過上好日子時，不要忘記你哥哥是怎麼死的，也不要忘記還有很多像我們一樣的小老百姓，要記得我們飽受欺凌的心酸。

若干年後，弟弟果然取得了功名，回到杭州，替哥哥報了仇，遺憾的是沒能找到嫂嫂，聽鄰人說，當年他一走，嫂嫂很快也就不知所蹤了。

直到有一天，弟弟出門赴宴，席間吃到了一道魚，鮮嫩酸甜，正是記憶中嫂嫂做過的風味，於是趕緊要求要見廚師，稍後廚師一現身，果然就是他找了很久的嫂嫂。

他們就這樣團圓了。小叔把嫂嫂接了回來，自己也辭了官職，兩人又回到西湖邊，像過去那樣，弟弟再度捕魚為生。

要補充一點的是，「西湖醋魚」原本是選用草魚來烹製，草魚也是中國重要的淡水養殖魚類，已經有一千多年的養殖歷史，和鰱、鱅、青魚一起被稱為「四大家魚」。不過，現在的餐廳在做「西湖醋魚」的時候多半都是選用鱸魚來代替草魚，鱸魚與黃河鯉魚、鱖魚以及黑龍江興凱湖大白魚並列為「中國四大淡水名魚」，挺有來頭的。

拾肆 宋嫂魚羹

「宋嫂魚羹」通常是將鱖魚或鱸魚先蒸熟後剔掉皮骨，再加上火腿絲、香菇、竹筍末等佐料，和雞湯一起烹製而成，做好之後，看上去色澤油亮，吃起來鮮嫩滑潤，感覺還挺像是在吃蟹肉。如果胃口不好，吃這麼一碗熱呼呼的「宋嫂魚羹」，既開胃又很營養。

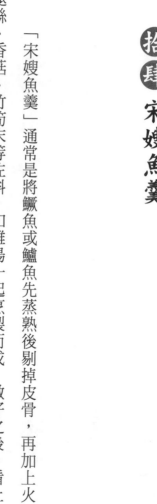

「宋嫂魚羹」也是杭州的傳統風味名菜，據說也是創製於南宋。說到這裡，你會不會覺得——咦，這麼巧，也是杭州、也是南宋，再加上也是姓宋，會不會就是前面做「西湖醋魚」的那個嫂嫂啊？

關於「宋嫂魚羹」的典故，版本也不止一個，按其中一個版本，似乎還真是與做「西湖醋魚」的廚師是同一個人，而且在時間上，這位廚藝精湛的女廚師是先做出「西湖醋魚」，再做出「宋嫂魚羹」，因為在「宋嫂魚羹」的故事裡只有一位嫂嫂和一個小叔，沒有那個哥哥，顯然時間較後。

這個故事是說，北宋汴梁人宋五嫂（汴梁是北宋的都城，今天的河南開封），隨宋室南遷來到臨安（就是今天的杭州），和小叔一起在西湖以捕魚為生。一天，小叔得了重感冒，病懨懨的躺在床上，什麼都不想吃，做嫂嫂的心想，這怎麼行呢，不吃就沒有體力，那不是好得更慢嗎？於是就發揮手藝做了一碗鮮美可口的魚羹，小叔一聞到香味就很願意嘗一嘗，結果大呼好吃，而且在吃了以後迅速補充了營養，病很快就好了。後來，嫂嫂見小叔對這個魚羹的反應這麼好，信心大增，乾脆就在西湖邊賣起了魚羹。過了一段時間，連宋高宗趙構（西元1107～1187年）在遊西湖時也品嘗了她做的魚羹，大為讚賞，從此她的生意就更好了，大家都把她這道拿手菜稱之為「宋嫂魚羹」。

宋高宗就是那個只想逃跑（所謂「南遷」其實就是逃跑啊），還害抗金名將岳飛（西元1103～1142年）冤死的那個皇帝；如果不是他授意，權臣秦檜（西

元1090～1155年）也不可能以「莫須有」如此荒謬的罪名來對付岳飛。

另外一個版本可以說大致是前一個版本的細化，連宋高宗遊西湖、品魚羹那天的日子都有記載。話說宋嫂本來是北宋都城的一位女廚師，以擅長烹製魚羹而聞名，後來嫁給宋家排行老五，此後就被大家暱稱為宋五嫂。隨宋室南遷之後，一家人住在西湖蘇堤邊，宋五嫂就賣魚羹來維持生計。既然是小吃攤，就不免經常要扯著嗓子叫賣。西元一一七九年（淳熙六年）三月十五日，宋高宗乘船遊西湖，中途船泊蘇堤下，一個老太監聽到宋五嫂的叫賣聲，聽出是汴梁口音，不免就多瞧了幾眼，這一瞧就認出原來就是當年做魚羹譽滿京城的宋五嫂。隨後，宋高宗也知道了，便召宋五嫂上船晉見，宋五嫂就這麼端著魚羹來了。據說宋高宗不僅品嘗了美味的魚羹，還跟宋五嫂聊了不少關於汴梁的家鄉事，然後賞賜宋五嫂一筆銀子，從此宋五嫂魚羹的名氣就更大了。

故事沒說宋五嫂當年在汴梁是不是就是開飯店的，如果是，在隨宋室南下至臨安之後，從開飯店變成擺小吃攤，這中間的落差還真讓人傷感啊，可是，身為小老百姓，又有什麼辦法呢！

拾伍 清蒸武昌魚

一連幾個以魚為主要食材的美食典故，我們接觸到了鱅魚、桂魚、鱸魚、鯉魚、草魚……其他的海洋魚、淡水魚還有很多很多，譬如鮰魚、鮭魚、帶魚、秋刀魚等等，這麼多種類的魚、這麼多各式各樣的名字，以地名來給魚類命名的，據說武昌魚是首例，不過，這個「武昌」雖然也在湖北省，但並不是指現在的武昌，也不是指「武昌起義」成功、然後建立中華民國的那個武昌，而是指今天的湖北鄂州市（過去稱鄂城縣）。

武昌魚又叫做鯿魚、魴魚，大多分布於長江中游的幾個大中型的湖泊，主要產於湖北，尤其是產在今天鄂州市樊口鎮附近的梁子湖和長江的匯流處。這種魚能在池塘中產卵繁殖，存活率高，生長速度較快，容易飼養也容易捕捉。作為食材，牠的特點是腦袋小小的，面扁背厚，整條魚的樣子呈菱形，肉味鮮美。

武昌魚的烹飪方式，傳統做法有蒸、煮、炙三種，雖然後來又發展出油燜、滑溜等其他的做法，但做來做去還是以清蒸的方式最有名、最受歡迎，只要是對中華美食有一點概念的人都知道，「清蒸武昌魚」是湖北鄂州一帶的地方特色菜。

這道菜要以新鮮的武昌魚做作為主料，再配上冬菇、冬筍，並用雞湯調味而成。做好的時候，看起來要「色白明亮，晶瑩似玉」，當然，魚的樣子要很完整。

武昌魚不止一次出現在詩歌作品之中，譬如唐朝岑參（約西元

718～約769年）「秋來倍憶武昌魚，夢魂只在巴陵道」，元代馬祖常（西元1279～約1338年）「攜幼歸來拜丘陵，南遊莫忘武昌魚」等等。最早可追溯至三國東吳末年，武昌魚就出現在民間的歌謠裡。

三國時代是一段上承東漢、下啟西晉的時期，分為曹魏、蜀漢和東吳三個政權。西元二〇八年，曹操（西元155～220年）在赤壁之戰被孫權（西元182～252年）、劉備（西元161～223年）的孫吳聯軍擊敗以後，奠定了三國鼎立的雛形，二十一年後（西元229年）孫權在武昌稱帝，旋即定都建鄴（今天江蘇省的省會南京），史稱東吳，三國才正式成立。

東吳的國祚逾半個世紀，末代皇帝孫皓（西元242～284年），是孫權的孫子，二十二歲即位，在位初期政治還頗清明，但後來他卻沉溺酒色，更糟糕的是還喜歡無故殺戮，成了一個暴君。在施政上，孫皓也是一意孤行，比方說，在西元二六五年，他不顧民情和群臣的反對，堅持要勞師動眾、浪費大量人力物力，把都城從建業遷回到武昌就是一個例子。

在這樣的情況下，當時出現了一首歌謠，前兩句是「寧飲建業水，不食武昌魚」，意思是說，武昌魚再好吃，我也想留在建業，哪怕只能喝水也沒有關係啊；可見老百姓對於被強制搬遷一事，心中有多麼的不滿和無奈。

這首歌謠的後兩句就講得更直接了「寧還建業死，不止武昌居」就是說，唉！我死都想要回建業，實在不想在武昌住下去了啊！

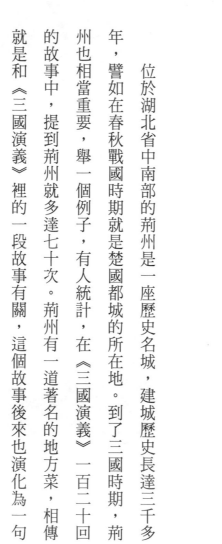

拾陸 龍鳳呈祥

位於湖北省中南部的荊州是一座歷史名城，建城歷史長達三千多年，譬如在春秋戰國時期就是楚國都城的所在地。到了三國時期，荊州也相當重要，舉一個例子，有人統計，在《三國演義》一百二十回的故事中，提到荊州就多達七十次。荊州有一道著名的地方菜，相傳就是和《三國演義》裡的一段故事有關，這個故事後來也演化為一句歇後語——「周郎妙計安天下，賠了夫人又折兵」。

「周郎」是指東漢末年東吳名將周瑜（西元175～210年）。這段故事大致是說，孫權想要取回荊州，周瑜便獻計「假招親扣人質」，建議孫權假裝要將妹妹孫尚香嫁給劉備，然後趁著劉備前來迎娶孫尚香的時候，把他扣住，逼他把荊州交出來。可是這番計策被諸葛亮（西元181～234年）識破，立即想出了應對之計。

諸葛亮先讓名將趙雲（生年不詳，卒於西元229年）陪著劉備前往，抵達東吳之後，先去拜會周瑜的岳父喬公，爭取喬公的支持。喬公就是兩個大美人「大喬」和「小喬」的父親，是東吳頗受眾人敬重的長者。在喬公的勸說之下，吳國太（就是孫權、孫尚香兄妹的母親）同意與劉備在甘露寺會面，會面之後，吳國太對劉備的印象很不錯，又覺得劉備總是漢室後裔，所以儘管劉備年長孫尚香很多，還是同意了這門親事。

《三國演義》並非正史，根據正史記載，孫權出於政治因素的考慮確曾將自己的妹妹嫁給劉備。總之，相傳當劉備在東吳順利完婚的好消息傳回來以後，留守荊州的諸葛亮便下令廚師要準備一些既富有當地特色、又充滿喜氣的菜餚，好為主公接風。

據說「龍鳳呈祥」（又稱「龍鳳配」）這道菜就是這麼來的。

從這個菜名不難猜得出來，「龍」跟「鳳」應該是這道菜的主要食材，分別是指什麼呢？答案是黃鱔和鳳頭雞。

一直到現在，「龍鳳呈祥」仍是荊州很多地區、乃至湖北地區，在喜

宴上必備的一道大菜。這道菜在準備食材的時候要特別費心，黃鱔不能太小，否則沒法象徵「龍」，其次，在上菜時還要講究擺盤，要讓黃鱔擺成龍形蜿蜒於盤子裡，鳳頭雞則立在黃鱔的旁邊，整體呈現出一派祥和又喜氣洋洋的感覺。

在過去物質比較匱乏的時代，黃鱔尤其珍貴，因為黃鱔不僅是席上佳餚，是一種比較昂貴的食材，長久以來民間還深信黃鱔的肉、血、頭、皮等等都有一定的藥用價值，《本草綱目》上就記載黃鱔有補血、補氣、消炎、消毒、除風溼等功效，這自然更加提高了黃鱔的身價。

拾柒 子龍脫袍

以黃鱔作為主要食材的菜餚還滿多的，譬如紅燒鱔段、紅燒黃鱔、洋蔥鱔魚段、毛豆茭白炒黃鱔、砂鍋鱔魚煲等等，還有一道「子龍脫袍」，其實也是一道以鱔魚為主要食材的湖南省傳統特色名菜，屬於湘菜系。

「脫袍」是什麼意思呢？這個詞是一個比喻，是想要強調做這道菜很費工，因為鱔魚沒有鱗片，抓起來滑不溜丟的，不好處理，在製作過程中需要經過宰殺、剔骨、去頭、脫皮等好幾道工序，特別是在脫皮的時候，有人說感覺就像是古代武將脫下戰袍似的，所以叫做

「脫袍」。

而「子龍」指的就是趙雲（「子龍」是趙雲的字）。歷史上著名的武將這麼多，為什麼會特別選擇趙子龍來作為代表呢？因為相傳這個菜名是劉備取的，是在長坂坡之戰過後，劉備在犒賞趙子龍時，席上出現了這道菜。

長坂坡之戰發生在西元二〇八年（建安十三年）。曹操派將領率精兵五千追擊劉備，劉備這裡軍民眾多，加起來至少有十幾萬，糧食軍資又一大堆，行軍緩慢，在長坂坡被曹軍追上，很快就被擊潰，慌亂之中，劉備僅和諸葛亮、趙子龍等少數數十騎逃走，逃了好一會兒，有人發現趙子龍不見了，緊接著又有人說看到趙子龍朝著敵軍奔去，怕是已經投降了，劉備一聽非常生氣，怒斥這是謠言，說趙子龍絕不可能這麼做，還揮著短戟打了散播謠言的人。事後大家才知道，當時趙子龍是單槍匹馬返身殺回曹軍之中，去尋找劉備的家屬，後來他懷抱著劉備年僅一歲的幼子劉禪（西元207～271年），保護著劉備的妻子，平安的回到劉備的身邊。

劉禪的小名叫做阿斗，這也就是「趙子龍救阿斗」的故事。

在長坂坡之戰過後，劉備便任命趙子龍為「牙門將軍」。這個官職之前是沒有的，是從劉備開始設置，而且第一個就是授予趙子龍。

牙門將軍的職責不僅需要常伴主公左右，還要能夠領兵作戰，並且具備出色的軍事謀略才能，非文武雙全的人不能勝任。趙子龍跟隨劉備將近三十年，先後參加過好幾次重要的戰役，也獨自指揮過好幾次重要的戰役，都取得不錯的戰果，被稱為「常勝將軍」，留給後世是一個儒將的形象，甚至還被不少人視為是三國時期一位相當完美的人物。留下這麼一道以趙子龍為名的特色菜，也算是老百姓紀念他的方式吧。

「子龍脫袍」是一道炒菜，鱔絲是主角，再配上玉蘭片、青辣椒和冬菇絲，看上去白、綠、褐、紫四種顏色交相輝映，賞心悅目。

拾捌 四喜丸子

「四喜丸子」又稱「大肉圓」、「四喜圓子」、「四喜龍蛋」等等。「丸子」、「圓子」這樣的形容給人的感覺比較小巧，但是從「大肉圓」、「龍蛋」這兩個詞看來，又會讓人覺得這道菜的主角個頭應該不會太小。「四喜丸子」的每一個「丸子」確實都不小，就是四個炸得金黃、漂漂亮亮的肉圓。

這道菜相傳是創製於唐朝，和宰相張九齡（西元673或678～740年）有關。

張九齡是西漢開國功臣張良（約西元前250～前189年）的後代，

是唐代近三百年間有名的賢相，更被譽為開元盛世最後一位名相。他盡忠職守，是一個有原則、有能力的人，為開元之治做出了積極的貢獻，本人舉止優雅，風度不凡，廣受大家的景仰。在張九齡過世以後，只要有人向唐玄宗（西元685～762年）推薦宰相人選，唐玄宗總要問問跟張九齡比起來怎麼樣，可見唐玄宗對張九齡有很高的評價。

據說在張九齡金榜題名的那一年，被皇帝招為駙馬。當時張九齡的家鄉正遭遇水災，他跟家人斷了音訊，內心非常憂慮和著急，直到婚禮當天才得知父母的下落，趕快派人去把父母接來京城。

晚餐之前，心情大好的張九齡要求廚師做一道象徵吉祥喜慶的菜餚，以示慶賀，於是廚師就挖空心思上了一道之前從未做過的菜，是四個炸透蒸熟並且澆以高湯的大肉圓。張九齡問廚師這道菜的菜名和寓意，廚師回答，這道菜叫做「四圓」，代表發生在老爺身上的四件大好事，想用這道菜來向老爺賀喜，一、金榜題名；二、成家完婚；三、做了乘龍快婿；四、闔家團圓。

張九齡聽了很高興，覺得這道菜的寓意非常好，就是「四圓」這個名字感覺叫起來不夠響亮，當下就建議不如改為「四喜」，叫做「四喜丸」吧，所以，「四喜丸子」這個名字就這麼定下來了。

從此以後，在宴席上（ㄤ

其是在北方的宴席上）就經常會有這道菜。而且有意思的是這道菜的寓意，「四喜」是代表哪四件喜事？可以自由發揮，各自解讀。一般是把喜慶、吉祥、幸福和長壽稱為「人世四喜」，後來有一首〈四喜詩〉把「四喜」定義為：久旱逢甘霖、他鄉遇故知、洞房花燭夜、金榜題名時，這個說法在很長的一段時間內深入人心，尤其普獲文人的認同。這首〈四喜詩〉一般認定是出自南宋著名的文學家洪邁（西元1123～1202年）之手。

此外，由於「四喜」這個名字清新可愛，其實中華美食在菜名中帶著「四喜」的還不少，譬如「四喜蒸餃」、「四喜羊肉」等等，有人估計至少有幾十種之多呢。

拾玖 九轉大腸

「九轉大腸」是山東地區的地方名菜，滋味相當特別。主要食材是豬大腸，需要用到很多的調味料，除了蔥、薑、蒜末，還有醋、鹽、醬油、酒、白糖等等，做好之後，整道菜看上去色澤紅潤，吃起來的口感也很不錯，豬大腸又軟又嫩，而且肥而不膩，還兼具酸、甜、辣、鹹、香等多種味道。

這道菜據說是在清末光緒年間問世，是山東濟南一家名叫九華樓的酒樓首創，關於起源大致有兩個版本。

第一個版本說，一天，這家酒樓的老闆去喝朋友小孩的滿月酒，臨走前，朋友送他一串「豬下水」（一般是指豬的內臟），回到酒樓以後，老闆就讓廚師做個肥腸來瞧瞧，可是要將豬大腸做得好吃可不容易，廚師試了好久，把老闆帶回來的豬大腸都做完了還是覺得不理想，便自己掏腰包跑到菜市場又買了一大堆豬大腸，繼續不斷的試，終於做出一道非常好吃的紅燒大腸，後來一個客人想到老闆本來就很喜歡「九」（酒樓不就叫做「九華樓」？），佛教中又有「九九歸一，終成正果」之說，便建議把這道佳餚改名為「九轉大腸」。

第二個版本，據說原本廚師在上菜時說這是「紅燒大腸」，賓客吃了以後都覺得很不錯，就是一描述起口感大家的感覺並不一致，有人說是甜的，有人說是酸的，有人說是鹹的，這時有一個客人說，道家煉仙丹有「九轉仙丹」（或者九轉金丹）之說，這是道教修行的最高境界，這道佳餚不妨就叫做「九轉大腸」吧！一方面比喻做這道菜很費工，簡直就像要拿出煉丹般的功夫和耐心，另一方面當然是讚美這道紅燒大腸真是好吃得不得了哪！

這道菜確實費工，光是要把生的豬大腸徹底洗淨就要花很多時間，在料理過程中也要經過好幾道工序，要先煮、再炸、後燒，要出勺入鍋反覆好幾次，直到燒煨至熟為止。

在場賓客一聽，都覺得這個名字取得好。天上掉下一個好名字，廚師想必非常開心，從此就將這道菜定名為「九轉大腸」，果然很快就聲名大噪。

在中國文化中，「九」本來就是一個很好的數字，是陽數、吉數、天數（最高數），本身就有吉祥、高貴的含義（這個我們在前面關於重陽節飲食中曾經約略提到過），又因「九」與「久」同音，「久」很容易讓人聯想到「長長久久」，寓意也很好，所以「九」這個數字就更受歡迎。「九轉大腸」不僅好吃，還因菜名中帶個「九」字，使它成為很多喜慶場合中一道非常應景的美食。

貳拾 麻婆豆腐

四川菜給人最強烈的感覺就是又麻又辣，如果要問印象最深的四川菜，應該很多人都會馬上就想到「麻婆豆腐」吧！確實如此，「麻婆豆腐」確實是川菜系中極具代表性的名菜，而且還是國際性的中華美食，走遍天下各大城市尤其是中國城內的中餐館，菜單上幾乎都會有這道菜。

在英文菜單上，「麻婆豆腐」經常是被叫做「由一個滿臉雀斑的女人所做的豆腐」，這樣的英文菜名乍看真是叫人噴飯，但是只要了解一下「麻婆豆腐」的起源，就會發現這樣的描述居然還不是毫無來由。

「麻婆豆腐」始創於西元十九世紀中葉過後，是清穆宗（西元1856～1875年）同治年間，按記載甚至還很明確是在同治元年（西元1862年），是成都萬福橋碼頭邊一家小館子的創意。這家小飯館的老闆姓陳，老闆娘的臉上有一點麻子，街坊鄰居都叫她「陳麻婆」。

萬福橋碼頭邊經常有很多碼頭工人和腳夫來來往往，他們都是陳家小館的主力顧客，大家都說這家小館子的菜不僅好吃，還非常經濟實惠。一天，在快要打烊的時候，進來一群客人，要求老闆來一點又下飯又便宜的菜。陳麻婆看看此時店裡已經沒什麼食材，只剩下一點點兒豆腐，現在再去採買也來不及，便靈機一動把豆瓣剁細，加上豆豉，先放進油鍋炒香，加一點兒湯，再把豆腐切成小塊放進鍋裡，然後再配上其他調料，並且加進炸得酥脆的牛肉末，最後再勾芡收汁，起鍋以後再將一把花椒麵、辣椒麵灑在豆腐上，這樣就成了一道熱呼呼、香噴噴的美食。

（花椒麵是一種方言的說法，就是花椒粉；辣椒麵的主要食材是乾辣椒，還有花椒、八角、桂皮、小茴香、熟芝麻等，不過根據各地口味不同，作料會有一些變化。）

這道菜上了以後，大夥兒一個個都吃得鼻子冒汗，大呼好吃，而且果真是又下飯又便

宜，每個人都就著這道菜吃了好幾碗白飯，滿意極了！後來大家就一傳十、十傳百，自動自發為這道美食大大宣傳，不久，來到店裡指名要吃這道菜的人愈來愈多，這道以豆腐為主要食材的美食儼然就成了小館子裡的招牌菜，一開始也沒特別定什麼名字，之後才被稱之為「麻婆豆腐」。不過，也許有人擔心「麻婆」這個詞聽起來不大好聽，於是在形容老闆娘的臉上有一些麻子的同時，還總要特別聲明是「麻得俏」。

後來，陳老闆夫妻倆又將這道菜的食材做了一點調整，將牛肉末改為豬肉末，這樣不吃牛肉的人就也能品嘗這道美食了。

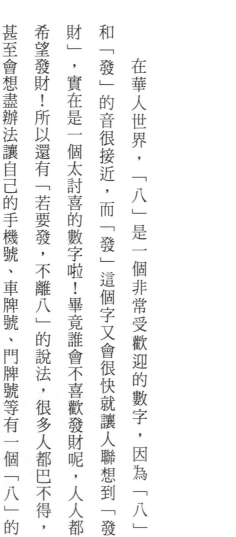

貳拾壹　八寶豆腐

在華人世界，「八」是一個非常受歡迎的數字，因為「八」和「發」的音很接近，而「發」這個字又會很快就讓人聯想到「發財」，實在是一個太討喜的數字啦！畢竟誰會不喜歡發財呢，人人都希望發財！所以還有「若要發，不離八」的說法，很多人都巴不得，甚至會想盡辦法讓自己的手機號、車牌號、門牌號等有一個「八」的數字，想藉此討個吉利。

帶著「八」字的美食也很多，譬如「八珍」、「八寶飯」、「八寶粥」、「八寶鴨」等等，現在我們就來講關於「八寶豆腐」的故事。

這道美食大有來頭，在清朝康熙皇帝在位時期就是宮廷美食，據說康熙皇帝很喜歡這道菜，每隔幾天就要吃一次，而且會命人將配方和烹調方式寫下來，不時就賜給一些寵臣，「朕有自用豆腐一品，與尋常不同……」可想而知，接受過御賜「八寶豆腐」的人，都對這道美食讚不絕口。

相傳有一位姓徐的大臣，在品嘗過這道出自御膳房的美食以後，覺得特別好吃，便差人去御膳房「取方」（意思就是拿食譜），不料御膳房的管事太監居然趁機敲竹槓，硬是跟他要了一千兩銀子才肯把配方和烹調方法詳細告知（好貴的豆腐，好貴的菜呀）。日後這位大臣每回在自己家中享受這道美食的時候，就總是忍不住會想，這麼棒的一道菜，只讓少數人享用實在是太可惜了……後來，他把這道菜的食譜傳給了他的一位得意門生。

這個門生姓王，學會了如何料理這道美食之後，又把食譜傳給後人，這樣到了乾隆年間，傳到了他的孫子王孟亭太守的手中。

王孟亭本身也是一個美食家，將這道菜的料理又做了一些調整，使它更符合一般人的口味。一天，著名文學家、美食家袁枚（西元1716～1798年）上王太守家做客，吃到了這道菜，非常欣賞，便詳細問明了食材和作法，然後記錄在自己那本《隨園食單》裡：

用嫩片切粉碎，加香蕈屑、蘑菇屑、松子仁屑、瓜子仁屑、雞屑、火腿屑，同入濃雞汁中，炒滾起鍋。用腐腦亦可。

這實際上是「八寶豆腐羹」，所以袁枚還細心的提醒大家在吃的時候「用瓢不用箸」，要用湯匙不要用筷子，用筷子根本夾不起來呀。

《隨園食單》是袁枚以文言隨筆的形式，描述了中國從西元十四世紀至十八世紀所流行的三百多種南北菜餚，「王太守八寶豆腐」也是其中之一，隨著這本書的傳播，這道美食日益膾炙人口。時至今日，一般餐廳「八寶豆腐」的做法和袁枚所描述的不盡相同，應該說是在過去的基礎之上又有所提升，是杭州的地方名菜。

貳拾貳 乾炸響鈴

「乾炸響鈴」是杭州名菜，也是浙江名菜。這道美食是選用豆腐皮捲入精細的肉末，切成寸段，油炸而成，看上去色澤金黃，剛上桌時還黃得發亮，吃起來鮮香味美。

它的名字很有意思，每一個字和詞都有意思，「鈴」是指「馬鈴」，就是繫在馬兒身上的鈴鐺，因為它的形狀就是酷似馬鈴；「乾炸」透露出它主要的作法；那麼「響」呢？是指什麼？原來這是指「音效」，因為在吃這個炸得酥酥的、有如馬鈴般的美食時，會發出非常清脆的咔茲咔茲的聲音，所以叫做「響鈴」。

關於這道美食為什麼會做成馬鈴的形狀，有兩個故事，都涉及到這道美食用到的重要食材——豆腐皮。

相傳有一位壯士（有民間故事稱之為「英雄」），每次一來到飯館總要點這個裡頭包著肉末的炸腐皮卷來作為下酒菜；一天，當他來到一家經常光顧的飯館，照例點了這道菜時，老闆告訴他，不好意思，腐皮剛好用完了，沒法做這道菜啦，壯士說那拜託趕快去採買吧，我可以等，老闆說，那可不成，因為我用的腐皮不是在本地生產的，是在外地，離這裡遠得很哪，沒想到壯士還是不死心，問明了老闆究竟是在哪裡訂購的腐皮之後，馬上二話不說就走出店外，縱身上馬，絕塵而去。他這是幹嘛呢？原來是專程跑去買腐皮啦！

等到他把腐皮買回來，連老闆都被他的誠意所打動，於是更加用心製作這道菜，還特意把它做成馬鈴的模樣，後來很多人都知道了這件事，便將這道美食稱之為「乾炸響鈴」。

另外一個版本也有壯士大老遠專程去買腐皮的情節，只是買腐皮的動機不一樣，不是為了自己要吃。

話說在很久很久以前，杭州有一大一小、距離很近的兩家飯店，小飯店雖然規模比較小，但因老闆手藝不錯，令大飯店的老闆不能等閒視之。有一天，當大飯店的老闆在無意中得知小飯店的豆腐皮缺貨，就想了一個點子，竟然叫了幾個地痞流氓去小飯店吃飯，故意點炸腐皮卷，老闆解釋說現在因為豆腐皮用完了，做不了這道菜，那些存心來找碴的地痞流氓便不依不饒，凶巴巴的嚷嚷著非要吃到這道菜不可，還威脅說如果吃不到就要砸了他的店之類，這時，一位老主顧實在看不下去了，便問老闆該上哪兒去買豆腐皮，然後就自告奮勇騎著馬專程幫老闆買來一大堆的豆腐皮（就是自願充當快遞的概念），替老闆解了圍。

老闆非常感謝壯士拔刀相助，便用心將豆腐皮捲成馬鈴的形狀，從此這道菜便被稱為「乾炸響鈴」了。

「乾炸響鈴」可葷可素，如果把肉餡換成像筍末、馬鈴薯泥或是紅薯末等等，就是素食中的一道佳餚。

不管是要做成素的還是葷的，重點都是對腐皮的要求比較高，要盡量選擇「薄如蟬翼」的豆腐皮，這樣做出來的效果才會好。

貳拾叁 菠菜燒豆腐

有一句俗語，「餓了吃糖糖似蜜，飽了喝蜜蜜不甜」，簡單來講就是說，肚子餓的時候，不管吃什麼都好吃，就連普通的糖吃起來也像是在吃蜜似的，相反的當你不餓時，再好的東西也吃不出有什麼特別，即使請你喝蜜也會感覺彷彿跟普通的糖沒什麼區別。

有一個關於「菠菜燒豆腐」的故事，就是詮釋這句俗語很好的例子。

話說乾隆皇帝在某次下江南的時候，來到蘇州吳江，一天，又是微服私遊，而且又是在山林裡迷了路，好不容易找到一家農舍，便上前去敲門，說自己又餓又累，想讓前來應門的農婦做點飯菜給他吃。這個農婦一定是個大好人，沒把這個張口就要人家做飯給他吃的怪人給趕走，又或者是看這個怪人器宇軒昂，心知一定不是普通人吧，總之，農婦很願意招待這位不速之客，但因家貧，拿不出什麼好東西，連魚頭也沒有（還記得「砂鍋魚頭豆腐」那個故事嗎？），只有兩塊豆腐，於是，她就跑到菜園拔了一些嫩綠的菠菜，一邊煮飯，一邊將豆腐切成小方塊，油煎成兩面金黃，然後將菠菜用水焯一下以後（「焯」就是把蔬菜放在開水裡稍微煮一下就拿出來的意思），再和豆腐一起烹熟。

乾隆胃口大開，直呼好吃，還問這叫什麼菜？農婦覺得好笑，只不過是菠菜燒豆腐，居然連這個都不知道？農婦大概也是有一點文化的人，心血來潮，便故意文謅謅的隨口胡謅，說這道菜啊有一個很長的名字，叫做「紅嘴綠鸚哥，金鑲白玉版」。

乾隆暗暗記下了這個菜名，回宮之後不久，就要求御膳房做一道「紅嘴綠鸚哥，金鑲白玉版」。御膳房一聽就傻眼了，媽呀！這是什麼菜啊，我們怎麼沒聽過？沒辦法，又不敢直接去問皇帝，只好幾個人急得半死的亂猜，結果，好幾隻倒楣的鸚鵡就這樣莫名其妙的丟了小命，因為大家都想

當然耳把這道菜理解成是用鸚鵡肉作為主要的食材了！

等到菜做好了，送上來一看，可把乾隆皇帝給嚇了一大跳！哇！這是什麼鬼呀！簡直差太多了！不行不行！馬上重做！

這麼一來，御膳房只好撲通一聲跪在地上，承認他們實在不知道這道菜該怎麼做，請皇帝饒恕，並且終於斗膽請教皇帝，想弄清楚這道菜到底是長什麼樣子？主要的食材是什麼？配料又是什麼？怎麼做？是蒸的、炒的、炸的、烤的……

等到認真聽了乾隆的描述以後，大家簡直是哭笑不得……什麼嘛，這不就是普通的菠菜燒豆腐嗎？

稍後，當御膳房重新做好，滿懷信心的再次送上，滿以為這回總該讓皇帝滿意了，不料乾隆還是不滿意，直說不好吃，幸好沒有大發雷霆。

御膳房的人覺得很納悶，但也沒有辦法，只好按乾隆的指示趕緊派人南下，去把那位農婦給接到宮裡，想請她教教大家該如何做這道看似簡單、原來很不簡單的菜。

不久，農婦來了，菜也做了，然而，萬萬沒有想到，乾隆還是說不夠好吃，至少沒有那回他第一次吃到的好吃。這時，農婦就說，那是因為皇上您那天肚子餓呀！在肚子餓的時候，不管吃什麼當然都會覺得好吃。

乾隆想想也對，有道理。接著，也有人問農婦這道菜為什麼會叫那個怪名字，農婦說，那都是比喻啦，因為菠菜的柄葉是碧綠色的，加上紅紫色的短根，看起來就像漂亮的鸚鵡，所以說「紅嘴綠鸚哥」（那些冤死的鸚鵡應該都會不服氣的問「哪裡像了啊！」），而雪白的豆腐，一片一片的裝在菜缽裡，表面又煎得金黃，看起來不就像

「金鑲白玉版」嗎？

聽了這樣的解釋，御膳房的人面面相覷，大眼瞪小眼，真是無語啊。

貳拾肆 臭豆腐

記得多年前一個朋友生孩子，一回她告訴我們，她的老公形容孩子像臭豆腐，又臭又香，我們聽了都覺得很妙，紛紛拍手叫好，這個形容實在是太傳神了！小嬰兒確實都是又臭又香的啊！

臭豆腐是中華傳統美食，在很多地方都見得到，雖然各地的製作方式和食用方式有相當大的差異，光是南方和北方就是兩種不同的類型，但基本上都具備著「聞起來臭，吃起來香」的特點。

關於臭豆腐的典故，有一個比較普遍的說法，說臭豆腐是源自明太祖朱元璋。話說朱元璋出身貧寒，在年少時為了生存還曾經跑到廟裡當過和尚，可即使是當了和尚，年頭不好，還是得挨餓，有一天，朱元璋在餓得實在沒辦法的時候，看到人家丟棄的過期豆腐，就以油來煎，然後一口塞進嘴裡，沒想到味道還真不錯！後來他慢慢發跡，率領著軍隊一路高歌猛進，每當打了勝仗就讓全軍一起吃臭豆腐，作為慶祝，久而久之，臭豆腐的名聲就愈傳愈廣了。

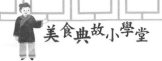

另外，湖南長沙的油炸臭豆腐是黑色的，模樣比較特別，據說起源於清乾隆年間，來自一個孩子無意間的「創作」。話說有一戶姜姓人家，家中世世代代都以做豆製品為業。一天，店主用一個罈子泡製自家要吃的鹹菜，當鹹菜泡好撈起來，罈內的鹵水還沒來得及處理掉，頑皮的孩子把爸爸做的嫩豆腐丟進罈子，過了幾天，豆腐不但發黑，還臭氣熏天，可是經過觀察，店主又覺得似乎能夠食用，於是就嘗試看看該如何料理。在試過幾種不同的料理方式以後，他發現用油炸的方式最理想，非常美味，於是，油炸臭豆腐就這樣推出了，推出之後很快就受到廣大群眾的喜愛。

一般的油炸臭豆腐都講究要炸得恰到好處，最好是外層酥脆內層嫩，一定要趁熱品嘗。豆腐一般都是切得四四方方（四方的大小又有所不同），有些地方會在豆腐的中央挖一個小孔，滴入用醬油、麻油、辣椒末等調味料，十分美味。

讀後活動

字字玄機

【節慶飲食篇】

請根據提示，將正確的語詞填入空格中，動動你的腦，一起參加這一場挑戰吧！

提示：

直行

1. 民間供奉於廚房，傳說為掌管一家禍福的神祇。
2. 開門七件事，比喻老百姓的生活必需品。
3. 農曆春節的應景食物，有「年年高升」的寓意。
4. 用各種米、豆類、乾果混合煮成，民間會在農曆十二月初八煮來吃。
5. 中國四川的代表名菜，以豆腐為主要食材。
6. 為了紀念愛國詩人屈原而流傳的端午節活動。
7. 一種飲品，重陽節習俗之一，據說喝了能延年益壽。
8. 杭州的傳統名菜，傳說是嫂嫂為生病的小叔做的一道菜。
9. 又稱清明餅，外皮以糯米加上青草汁液混合而成。
10. 清明節的前一兩日，在中國習俗中，這一天是要禁煙火、吃冷食的節日。

橫行

一、除夕夜全家聚在一起吃的團圓飯。
二、重陽節應景食品，會做成小鹿的樣子。
三、出自蘇軾〈水調歌頭〉的詞，前一句是「明月幾時有」。
四、又稱為江米，可以用來製作粽子或年糕。
五、臺灣特色小吃，主要食材是豆腐，外酥內嫩，因味道特殊而聞名。
六、顧不得睡覺，也忘記了吃飯的成語；比喻做事非常投入，專心努力。
七、醬油的別稱。
八、魚只是暫時在鍋中養著，比喻不能久存。
九、中國農業的開創者，曾嘗盡百草。
十、湖北名菜，以黃鱔和鳳頭雞為主要食材。

		3 一	夜					7			
二		糕						花			
							三			9	天
	2			5						團	
四				婆							
	五	炸									
											10
								六		忘	
			4								節
	茶		七		主	人					
			粥						8		
1				6				八			息
九		氏		十			祥		羹		

【解答】

		3 一 年	夜	飯				7 菊			
二 食	祿	糕						花			
							三 把	酒	問	9 青	天
	2 柴			5 麻						團	
四 糯	米			婆							
	五 油	炸	臭	豆	腐						
	鹽			腐							10 寒
	醬							六 廢	寢	忘	食
	醋		4 臘								節
	茶		七 八	珍	主	人					
			粥						8 宋		
									嫂		
1 灶				6 划				八 釜	魚	假	息
九 神	農	氏		十 龍	鳳	呈	祥		羹		
				舟							

國家圖書館出版品預行編目資料

特色節慶好味道／管家琪文；
尤淑瑜圖. - 初版 . --臺北市：幼獅, 2020.05
面； 公分. --（故事館；80）

ISBN 978-986-449-229-9（平裝）

538.52 110005075

故事館080

特色節慶好味道

作　　者＝管家琪
繪　　者＝尤淑瑜
出 版 者＝幼獅文化事業股份有限公司
發 行 人＝李鍾桂
總 經 理＝王華金
總 編 輯＝林碧琪
主　　編＝沈怡汝
副 主 編＝韓桂蘭
編　　輯＝謝杏旻
特約編輯＝陳秀琴
美術編輯＝游巧鈴
總 公 司＝10045臺北市重慶南路1段66-1號3樓
電　　話＝(02)2311-2832
傳　　真＝(02)2311-5368
郵政劃撥＝00033368

印　刷＝崇寶彩藝印刷股份有限公司
定　價＝310元
港　幣＝103元
初　版＝2021.05
書　號＝984253

幼獅樂讀網
http://www.youth.com.tw
e-mail:customer@youth.com.tw
幼獅購物網
http://shopping.youth.com.tw/

行政院新聞局核准登記證局版臺業字第0143號